문과형 아이
이과형 아이

문과형 아이
이과형 아이

2017년 8월 21일 초판 인쇄
2017년 8월 28일 초판 발행

지은이 | 김소희
발행인 | 유영준
교정교열 | 노경수
표지 디자인 | 김윤남
본문 디자인 | 디자인 연우

발행처 | 와이즈맵
출판신고 | 제2017-000130호(2017년 1월 11일)
주소 | 서울 강남구 봉은사로16길 14, 나우빌딩 4층 쉐어원오피스 401호(우편번호 137-879)
전화 | (02)554-2948
팩스 | (02)554-2949
홈페이지 | www.wisemap.co.kr

ISBN 979-11-961444-0-1 (03370)

이 도서의 국립중앙도서관 출판예정도서목록(CIP)은 서지정보유통지원시스템 홈페이지
(seoji.nl.go.kr)와 국가자료 공동목록시스템(www.nl.go.kr/kolisnet)에서
이용하실 수 있습니다. (CIP제어번호 : CIP2017017687)

문·이과통합과 4차산업혁명 시대를 대비하는 미래 인재 전략

문과형 아이
이과형 아이

김소희 지음

와이즈맵

교실이 바뀌고 있다

큰아이가 초등학교에 입학하며 구경하게 된 교실의 분위기는 제가 다니던 시대의 그것과 너무나 달랐습니다. 수업시간에 돌아다니는 아이는 물론 딴 짓을 하는 아이에게도 선생님은 가볍게 경고하거나 자리에서 일어서 있도록 할 뿐 제재를 하지 않았습니다. '활동 중심'의 수업에 집중하는 아이들을 보면서 색다른 수업에 관심이 생겼습니다. 2000년 이후 대한민국 교육은 강의식 수업을 탈피하기 위한 변화를 시도했지만 하루가 다르게 늘어나는 지식을 전달하기에는 한계가 있었습니다. 의도는 좋았지만 수업을 감당하지 못하고 포기하는 아이들이 늘어나자 부모들은 과목별로 사교육을 시켜야 하는 상황에 이르렀습니다. 필자는 사교육을 시켜서라도 아이들의 공부를 지원하는 부모들이 있는 나라는 희망이 있다고 생각합니다. 다만 교육과정에 대해 제대로 이해하고 따라간다면 학부모의 불안감은 해소되고 아이들도 수업에서 자신이 놓친 공부를 보충할 시간을 얻게 될 거라고 생각했습니다. 지난 10여 년 동안 학교와 도서관, 교육기관을 드나들며 교육과정과 수업, 학교 활동에 아이들을 어떻게 참여시켜야 할지에 대한 노하우를 전하며 공교육의 가능성을 알렸습니다. 또 직접 상담을 통해 아이 성향에 맞춰 생활태도와 학습태도를 변화시킴으로써 학교생활에 충실하게 임할 수 있도록 도와주는 일이 큰 효과를 가져다준다는 것도 알게 되었습니다.

2018년부터는 '문·이과통합교육과정'이 시작됩니다. 고2 때 문과와 이과를 선택하고 그 기준으로 대학 전공을 정했던 부모 입장에서는 이제 우리 아이들의 교육 과정이 어떻게 진행될지 상상하기조차 어렵습니다. 2000년에 시작된 교육과정의 슬로건이 생각납니다. '40명의 아이가 40개의 꿈을 꾸는 교실' 이제 새롭게 시작되는 '문·이과통합교육과정'은 지식을 전달하는 역할에서 벗어나 아이들에게 묻습니다.

"네가 진짜 하고 싶은 공부는 뭐니?"

필자는 정권이 교체되면 교육과정이 바뀌는 것이 아니라 시행이 빨라질거라고 늘 강조했습니다. 새로 출범한 문재인 정부의 교육정책이 시행되는 동안 정보와 이해 부족으로 자칫 학생들이 중요한 선택에 손해를 보지 않도록 돕고 싶은 맘에 책을 쓰게 되었습니다.

우선 1장에서는 '아이가 맞게 될 미래사회와 현실'에 대해 얘기해 보았습니다. 아이들의 미래를 위한 선택에 걸림돌이 되는 선입견들을 다루어 막연한 걱정을 해소하고자 했습니다.

2장에서는 이미 시행되고 있는 'STEAM교육', '자유학기제, 자유학년제'등에 대해 알아보고 2018년부터 시행되는 '문·이과통합교육과정'과 '소프트웨어 중심 교육'에 대해 소개합니다. 새로운 교육과정을 통해 '인공지능시대'를 살아갈 우리 아이들이 인문·사회·과학 소양을 가진 창의 융합 인재로 거듭나는 교육 목표에 대해 설명을 할 계획입니다.

3장에서는 '문·이과통합교육과정'이 시행될 때 생기게 될 문제점들과 일반고에서 실시되는 다양한 프로그램을 소개합니다. 특히 현실적인 문제로 아이들이 자신의 적성보다 분위기에 휩쓸려 자신의 미래를 결정하는 일이 생기지 않도록 조언하겠습니다.

4장에서는 '문·이과통합교육과정'에서 지향하는 창의·융합 인재관에 대해 제시하고 10년 이상의 상담 경험을 바탕으로 정리한 개인성향과 문·이과 적성 판별의 조사지를 통해 아이들의 성향을 파악하는 기초 자료를 제공할 예정입니다. 이 결과를 토대로 파악된 아이들의 성향 정보는 5장에서 자세하게 추가 설명이 됩니다.

5장에서는 '문·이과 적성별 지도'를 4장에서 조사한 개인별 성향과 연결해 다루고 아이들이 적성에 맞게 선택한 전공을 지도하는 방법에 대해 자세하게 다루겠습니다.

6장에서는 아이들에게 성숙한 사회구성원으로서 살아가는 데 도움 될 가치교육의 필요성과 가치에 대해 기준을 제시하겠습니다.

이번 책을 쓰는 동안 91세인 친정어머니께서 돌아가셨습니다. 고 달플 때마다 하소연 다 들어 주시고 힘을 보태주신 어머니께서 제가 새로 쓰게 될 책에 대해 신나게 얘기해도 별 관심 안 보이셔서 이상 했는데 뇌출혈로 일주일 만에 유명을 달리 하셨습니다. 글재주와 말 재주를 주시고 수다스러운 딸의 얘기를 끝까지 들어주셔서 어디에 서도 자신의 주장을 분명하게 잘 전달하는 실력이 생겼습니다. 17 년이나 기다리신 아버지와 함께 열심히 살아갈 딸을 지켜봐주시라 믿으며 다시 감사의 인사를 드리고 싶습니다. 가족의 도움 없이 책 을 쓰기는 어렵습니다. 어머니의 갑작스러운 죽음으로 글을 쓰지 못 하는 저를 위해 매주 도서관에 같이 가 주고 맛있는 점심과 드라이 브를 제공한 김병수 님께 고마움을 전합니다. 엄마 대신 살림도 도 맡아 준 김주현과 김동현의 내조에도 힘을 얻었습니다. 제가 낸 네 권의 책 중 세 권을 도와준 유영준 님도 감사드립니다. 훌륭한 에디 터의 도움이 책을 얼마나 가치 있게 만드는지 늘 느낍니다. 새 책을 낼 때마다 많은 분들에게 도움이 되기를 늘 기원합니다. '인공지능 시대', '4차 산업시대'라는 새로운 변화의 시기에 저의 작은 아이디 어와 소망이 희망의 불꽃이 되기를 바랍니다.

2017년 흑석동에서

C|O|N|T|E|N|T|S

제1장

내 아이가 맞이할
미래 사회와 현실

우리 아이들은 교육이 사회 저변에 큰 영향력을 발휘하는 나라에 살고 있습니다. 아이들이 커 가는 동안 부모들은 대략 세 번의 대통령 선거를 치릅니다. 새롭게 탄생할 대통령의 교육 의지에 내 아이가 영향을 받는 만큼 대통령 선거는 부모의 입장에서 중요하게 다가올 수밖에 없습니다. 한국의 변화무쌍한 교육 현실에서 아이를 키우기 싫다며 유학을 보내는 경우도 있지만 대부분의 부모는 이런 상황을 안고 살아가야만 합니다. 교육개혁안은 우리 아이들이 살아갈 미래를 준비해 준다는 면에서 보면 나쁜 일은 아니지만, 자주 바뀔 경우 미리 준비해야 하는 이들에게는 큰 곤혹이라는 점을 간과할 수 없습니다.

부모들은 경쟁이 심하긴 했어도 노력한 만큼의 보상이 주어지는 시대를 살았는데 우리 아이들은 '금수저' '흙수저' 등 시작부터 차이 나는 인생을 살아야 한다고 생각하면 남들과는 다른 무언가를 가르쳐야겠다는 마음이 듭니다. '융합' '4차 산업혁명' '인공지능'과 관련된 영역에 관심을 갖고 유치원 때부터 비싼 코딩 학습을 시키는 것은 남들보다 빨리 선점하는 것이 성공의 비결이라는 교육관 때문입니다. 과연 앞으로도 무조건 빨리 배우면 더 많은 기회를 얻을까요? 안타깝게도 선행 교육이 성공의 열쇠가 되는 시대는 막을 내리고 있습니다. 미래 사회가 요구하는 '창의성'은 선행 교육으로 얻어지는 게 아니니까요. 1장에서는 과거와 현재에 머무는 부모들의 선입견들을 하나씩 다루며 아이들에게 미래의 문을 열어 줄 '키(Key)'가 무엇인지 찾아보도록 하겠습니다.

01
'이공계 위기'와
'문송합니다'가 공존하는 사회

2002년 이공계 종사자들의 처우가 낙후되어 이공계 지원자가 줄고 있다는 뉴스가 나오면서 한국 경제 성장의 원동력이 된 과학 기술에 대한 미래가 암울해졌습니다. 지속적인 연구를 위한 국책 지원 연구 사업을 확충하고 연구자들의 생활 여건을 지원해 주자는 여론이 일기도 했지만 '이공계 위기'에 대한 관심은 어느 순간 사라져 버렸습니다. 아이가 대학에 진학할 시기가 되면 부모는 정년이 가까워집니다.

아이가 정년에 영향받지 않고 평생 가진 기술로 편하게 살아가기를 바라는 부모의 마음을 반영하듯 전문직과 관련된 학과의 인기는 더욱 높아지고 있습니다. 미래의 우수한 과학자를 양성하기 위해 도입한 '영재학교'와 '과학고'는 의대 진학의 필수 코스가 되고 말았습니다. 입학할 때 과학자를 꿈꾸던 아이들 역시 친구들의 의대 진학을 지켜보면서 한두 군데는 의대를 지원해 보기도 합니다.

15년의 시간이 흐른 지금, 의학전문대학원이 사라지고 의대가 부활하자 성적 좋은 N수생들이 집중 지원하는 바람에 1등급 받는 게 쉽지 않습니다. 실제로 상담해 보면 의대에 합격하고도 서울대와 연세대가 아니라는 이유로 수능에 다시 도전하곤 합니다. 확인할 수는 없지만 대학마다 우수한 이공계 학생들 중 의대 진학을 위해 휴학하는 경우가 비일비재한 것이 현실입니다. 의대 입학 조건을 맞추려면 국, 영, 수, 탐구 과목에서 거의 만점을 받아야 하는데 한 과목 때문에 의대 진학에 실패한 경우가 많아 미련을 못 버리는 것입니다. 의대를 준비하는 재수생이나 N수생이 많은 것도 같은 이유입니다.

이외에 입학 기회가 줄기는 했지만 의학전문대학원이나 약학전문대학원을 준비하는 학생도 적지 않습니다. 의학전문대학원은 대학 4년 졸업생, 약학전문대학원은 대학 2년 수료가 필수인 데다 학점도 우수해야 하지만 MEET, PEET 시험에서 높은 점수를 받아야 합격할 수 있습니다. 의학전문대학원이나 약학전문대학원은 수시와 정시처럼 학교생활 다방면을 고려한 전형과 우수한 시험 성적으로 입학하는 전형으로 나뉘지만, 서울권이나 명문대의 경우 전적 학교와 학과를 중심으로 선발하는 경우가 있어 역시 대학 진학이 중요합니다. 부모가 의사인 아이도 지원하고 의사 집안의 아이도 지원하고 친척 중 의사가 있는 아이도 지원하고 친구 부모님이 의사인 아이도 지원하다 보니 특목고나 자사고 혹은 일반고의 이과 성적 우수자는 대부분 의사 지망생이라는 우스갯소리가 과언이 아닙니다.

고1 때는 로봇과학자를 꿈꾸다가도 고2, 고3이 되어 성적이 오르면 의사로 장래희망이 바뀌곤 합니다. 서울대 공대에 합격했지만 수능 성적이 좋아 정시로 의대에 진학하기 위해 어머니가 합격 취소를 요구하며 1인 시위를 하는 해프닝도 있었습니다. 미국 보딩 스쿨을 다니다 미국 시민권을 포기하고 입국해 군복무를 마친 뒤 수능을 봐서 지방 의대에 합격한 일도 있습니다. 이런 아이들과 수능에서 경쟁해야 한다는 사실을 고3 부모들은 꿈에서도 생각하지 못할 것입니다.

2017년 서울대 약학대학원은 약대 입학을 추진 중이며 다른 약학대학원들도 몇 년 사이에 약학대 부활을 준비하는 상황입니다. 약학대학원은 의학전문대학원보다 학부 과정에 더 심각한 악영향을 주고 있습니다. 이공계 대학 2학년 중 성적이 좋은 학생들은 휴학하고 PEET 시험을 준비합니다. 해당학과 3학년은 성적 좋은 학생들은 휴학하고 시험에 실패하여 복학하는 학생들과 아직 결심하지 못한 재학생들로 수업을 시작합니다. 이 학생들이 졸업한 뒤 이 학과와 관련된 연구 자원이 될지는 알 수 없습니다.

독학으로 공부하는 휴학생도 있지만 대개는 온라인 강의를 듣거나 학원에서 아침부터 밤늦게까지 공부합니다. '공무원 시험 준비생'처럼 직접 돈을 벌어 가며 준비한다면 좋은 성적을 기대하기 어렵습니다. 2~3년 공부에만 집중해도 좋은 성적을 받기란 쉽지 않으니까요. 학원비도 비싸고 공인 영어 시험도 봐야 하는 등 시험 조건을 맞추기 위한 돈과 노력이 필요한 터라 많은 학생이 시도하지만 합격하기는 쉽지 않습니다.

대학 도서관에 가 보면 토익을 비롯한 각종 수험서를 펴 놓고 공부하는 학생이 대부분입니다. 취직이 잘되는 학과로 전과하기 위해 공부하거나, 취업을 위해 기업체 입사 시험을 준비하거나, 좀 더 좋은 이력을 위해 대학원 진학 혹은 명문대 편입을 준비하는 것입니다. 뭔가를 이루기 위해 노력하는 모습이 기특하기는 하지만 이들에게서 꿈과 비전이 사라진 지는 오래되었습니다. 열심히 공부해서 전문 직업을 가지려는 청년이 많다고 하지만, 그 기회마저 가질 수 없는 더 슬픈 현실이 있습니다.

2012년부터 '문송합니다'라는 말이 떠돌기 시작했습니다. 문과 학생들의 취업이 암울한 현실을 반영한 것으로 고등학교에서 문과반이 급격히 줄어들고 이과반이 늘어나는 계기가 됩니다. 이과반이 늘어난 것은 문과생은 취업이 어렵다는 현실을 반영하는 일입니다. 문과생들이 대학 진학 후 이공계 학과 과목을 복수전공하거나 전과하는 경우까지 생깁니다. 일부 기업에서 경영학과나 경제학과 출신을 뽑지 않고 산업공학과 학생을 뽑는 것과 무관하지 않습니다. 문과 학생들이 대학 진학 후 공무원 시험에 매달리는 현실은 청년 실업의 여파에 따른 결과라 볼 수 있습니다.

젊은이들이 시험에 실패하고 비관하여 자살한 소식을 접할 때마다 마음이 무겁기만 합니다. 더욱 슬픈 것은 3년 만에 공무원 시험에 합격하고 기쁨이 가시기도 전에 자살한 청년, 의대 2학년생의 자살 등 다른 이들이 그리도 되고 싶어 하는 걸 손에 넣은 젊은이들의 극단적인 선택입니다. 왜 그런 선택을 했을까요? 누군가에게 떠밀려 선택한 삶이라도 열심히 살아 보려 했지만 결코 행복하지 않았기 때문은 아닐까요?

이런 뉴스를 접하면서 나는 아이를 그렇게 몰아붙이지 않겠다고 생각하지만, 정작 아이의 고등학교 성적이 괜찮게 나오면 다른 이들처럼 좀 더 나은 선택을 원하지 않는 아이가 답답해 보이는 것이 부모의 마음입니다.

최근 이과에 진학하려는 학생을 문과로 보내고 문과에 지원하려는 학생을 이과로 보낸 경우가 있습니다. 이과에 진학하려던 학생은 취직이 잘되기 때문에 부모님이 적극적으로 권한다고 했습니다. 이 학생은 과학 과목에 관심이 없지만 고1 성적이 우수해 담임선생님도 이과를 권하는 상황이었습니다. 고1 때 성적이 높으면 이과로 지원하는 경우가 많고 수업 분위기도 좋아 부모들이 선호합니다. 하지만 정작 당사자는 과학 과목에 흥미가 없고 문과 과목 중에서도 역사를 빼면 관심 있는 과목이 없었습니다. 상담을 해 보니 사회 현상에 대한 호기심이 있는데 독서나 경험이 부족하여 자신이 그 분야에 매력을 느낀다는 것조차 몰랐습니다. 오랜 시간 얘기를 나눈 결과 그 학생은 부모님의 반대를 무릅쓰고 문과로 결정했다고 합니다. 본인이 좋아하는 분야를 찾아낸 것입니다. 고2가 되고 3월까지도 부모님은 아이가 이과로 가야 하는 것 아니냐며 안타까워했습니다. 처음 만난 날 그 학생이 던진 질문은 "국어 못하면 이과로 가야 하나요?"였습니다. 부모님이 이과로 보내고 싶은 마음에 그런 이유를 댔던 겁니다.

'2015년 교육개정안'에 따르면 현재 중3은 고등학생이 되면 문·이과통합교육과정인 '창의 융합 인재' 교육을 받습니다. 문·이과통합교육과정은 고2가 되면 문과반과 이과반으로 나누지 않고 자신의 전공에 필요한 수업을 선택하는 기회를 주겠다는 취지에서 만든 것입니다. 하지만 대학에서 전공별 모집을 하는 이상 교육부의 취지대로 고교 문·이과통합교육과정이 진행되기란 어려울 것입니다. 고2 교육 과정은 통합 과정이지만 대학 진학과 관련해 수학, 경제수학, 심화수학으로 구분되고 이공계 대학 진학을 위해서는 이과 범위 수학과 과학 과목을 따로 배워야 하기에 이전 교육 과정과 별로 달라진 게 없다고 생각해도 무방합니다. 오히려 미리 대학 전공을 고려하여 과목을 선택해야 하는 상황이 생긴 만큼 계획적인 과목 선택이 더욱 중요해진 겁니다. '자유전공제'처럼 이 과목 저 과목을 고루 들어 보고 정하겠다는 막연한 생각을 한다면 정작 대학 진학 때 학교 생활기록부에 기록되는 전공적합성 부분에서 불리할지도 모르기 때문입니다. 문과와 이과 중 어느 쪽이 아이에게 맞는지는 이전 교육 과정처럼 늦어도 고1 때까지는 결정하는 게 낫습니다.

02
앞으로는 정말
이과만 살아남을까?

"선생님, 다시 여쭤 볼게요. 문과에 가도 취직할 수 있지요?"

"물론이지!"

'4차 산업혁명' 'AI 시대'가 문과의 종말을 얘기하는 듯한 시대에 살고 있습니다. 이제 문·이과통합교육과정까지 시작한다고 하니 문과생들은 더욱 위기감을 느낄 것입니다. 요즘 고등학교 문과생들은 친구들끼리 '루저(Loser, 패자)'라고 부른답니다. 부모들 역시 아이가 대학을 졸업해도 취업하지 못할까 봐 전전긍긍합니다. 문과생은 각종 고시에 합격하고 다양한 스펙을 갖춰도 취직이 어렵다는 얘기에 문과를 결정하기가 쉽지 않습니다.

하지만 문과보다 이과 출신이 취직이 잘된다는 얘기는 근거 없는 소문일 뿐입니다. 실제로 이과도 몇몇 학과를 제외하고는 취업이 쉽지 않습니다. '전화기'라는 얘기를 들어 보았나요? 전자전기공학 관련 학과, 생물·화학공학 관련 학과, 기계공학 관련 학과를 말합니다. 이들 학과가 취직이 잘되는 편입니다. 물론 의대와 약학대학원처럼 전문직이 보장된 학과와 간호학과나 의·약학 관련 학과도 취직이 잘됩니다. 취직이 어려운 학과의 학생들은 대학 2학년 때 전과를 시도하거나 복수전공을 하기도 합니다. 대학 진학 이후에도 취업을 위해 또 다른 전공 공부를 추가로 해야 하는 상황입니다.

2016년 우리는 이세돌 9단이 '알파고'에게 패배하는 모습을 보면서 인공지능 시대에 인간이 살아남을 수 있는 분야에 관심이 높아졌습니다. 인공지능에 지배당하는 미래 사회를 다룬 영화를 많이 보았지만 현실에서 인간이 기계에 패배하는 모습을 직접 마주한 충격은 아이의 진로를 고민하는 부모들에게 큰 영향을 주었습니다.

'2015년 교육개정안'에서 제시한 것처럼 인문·사회, 과학기술에 대한 기초 소양을 길러서 인문학의 상상력과 과학기술의 창조력을 갖춘 '창의 융합 인재'가 바로 미래 사회가 원하는 인재입니다. 현재 초중등 교육 과정은 'STEAM'이라는 수업을 진행하고 있습니다. STEAM은 과학(Science), 기술(Technology), 공학(Engineering), 인문·예술(Arts), 수학(Mathematics)을 말합니다. 한 분야에만 집중하는 것이 아니라 다양한 분야의 지식과 기술을 습득할 수 있도록 교육하겠다는 것입니다. 그런데 이름만 듣고는 대부분 이과 과목이라고 여겨서 이과 분야로 진로를 정하는 경우가 많습니다.

최근 대학에서는 학생들이 미래 사회에 적응할 수 있도록 기존의 복수전공 방식이 아니라 '다전공제도' '연계전공제도' 등을 통해 자신만의 전문 분야를 설계하고 수업을 듣는 학제를 도입하고 있습니다. 특히 서강대의 경우, 졸업장에 학생이 수료한 과정을 인정하는 '나만의 전공 학과'를 기록하는 제도를 도입했습니다. 전공 학과와 학교 공식 학과는 아니지만 자신이 설계한 학과를 졸업장에 기록함으로써 졸업 후 진로 선택에 도움을 주겠다는 취지입니다. 다른 대학들도 전공 연계 과목 수강 제도를 다양하게 시행하는 만큼 문과 전공자도 추가로 필요한 이공계 과목 수업을 이수하여 꿈을 키우는 기회를 얻을 수 있습니다. 따라서 고등학교 때 문과를 선택해도 대학 졸업 후 진로를 정하는 데 문제가 되는 상황은 아닙니다. 오히려 유익한 소프트웨어 개발을 위해 인문학을 비롯한 예체능과 문화 관련 콘텐츠 아이디어가 절실히 필요한 시대입니다.

03

미래에는 인간이
할 수 있는 일이 많이 사라질까?

인류는 산업혁명을 거치며 엄청난 변화를 겪었습니다. 새로운 기술의 등장과 함께 풍요로움과 빈곤, 환경오염과 전쟁 등 다양한 시련을 겪으면서 좀 더 평화롭고 인간과 환경이 조화를 이루는 미래를 꿈꾸기 시작했습니다. 한국은 서구가 200년 이상 걸린 일들을 50년도 안 되는 기간에 겪어 냈습니다. 전쟁의 폐허에서 원조만 받던 나라가 원조국이 되면서 세계적인 자부심과 위상도 크게 높아졌습니다. 게다가 아날로그 시대에서 디지털 시대로 전환되는 데는 채 30년도 걸리지 않았으니 변화의 속도는 정말 눈 깜짝할 사이만큼 빠릅니다. 무서운 속도로 변하는 환경에서 살아남으려면 교육밖에 없다며 허리띠를 졸라매고 지원해 준 부모님 덕을 보거나 자신의 노력으로 어려운 환경을 극복하고 성공한 시절이 있었습니다.

과학기술의 성장과 인터넷의 등장으로 글로벌 네트워크를 통해 더 빠르게 정보를 공유하는 한편 국제 시민 사회를 꿈꾸기 시작했습니다. 하지만 세계 경제의 불황과 정치 상황의 변화는 우리가 꿈꿔 온 긍정적인 미래 사회만 바랄 수 없는 형국입니다. 세계 곳곳에서 일어나는 테러와 출생률 저하, 난민 문제는 나라마다 무거운 짐이 되고 있습니다. 새로운 기술의 도입은 이런 경제적 정치적 상황에도 영향을 받고 있습니다. 제조업은 값싼 노동력에 의존하는 방식에서 벗어나기 위한 대안을 찾기 시작했으며, 스마트 공장에서는 로봇과 인간이 함께 일하고, 많은 노동력이 요구되는 물류 분야에서는 드론과 자율주행트럭을 도입하고, 3D 프린터가 보급되면서 대규모 생산 공장이 줄어드는 등의 변화가 일어나고 있습니다.

이제는 기술 발전이 진행되는 패러다임도 바뀌고 있습니다. 많은 시간과 자본이 투자된 기술이라도 새로운 패러다임의 기술이 생긴다면 그동안의 성과는 물거품이 되어 버리는 불확실성의 시대입니다. 산업혁명 이후 기술을 가진 사람들이 누린 풍요로움에 대한 기억은 미래 사회에서 인간이 할 일을 로봇이 대체할 것 같은 불안감을 일으킵니다.

요즘 부모들은 아이들이 어떤 일을 하며 살아갈지 걱정입니다. 자신들의 노후도 걱정되지만 빠르게 변모하는 사회에 아이들이 잘 적응하도록 준비시키고 싶은 마음이 더 큽니다. 상담실을 찾은 초등학생 부모들이 갈수록 취직이 안 되어 걱정이라는 얘기부터 시작합니다. 상급 학교 진학 문제가 더 시급한 중고등학생 부모에 비해 상대적으로 시간 여유가 있는 초등학생 부모는 아이의 미래 직업에 관심이 많습니다. 분명하게 얘기할 수 있는 점은 인공지능과 로봇의 등장으로 하는 일이 변하는 것은 어쩔 수 없지만 인간은 결코 없어지지 않는다는 것입니다. 문명사에서 보면 기계 문명에 저항하는 운동이 있었지만 결국 자본가에 의해 계속 진행되었고 많은 사람이 빈곤으로 고통을 겪었으나 시간이 지나면서 각자의 자리를 찾아 살아간 경험이 있습니다. 그럼에도 불구하고 부모들은 아이가 시대의 흐름에 적응하지 못하고 낙오될까 봐 늘 그렇듯 선행 교육을 하고 싶어 합니다.

　진로를 지도하는 입장에서도 미래 사회를 위해 아이들에게 어떤 전공을 권유할지 가장 고민이 됩니다. 도선사의 수입이 상위 1~2위를 다툴 때는 해양대학을 지원하는 아이에게 도선사를 권했습니다. 국제 운송에서 해양 수송이 차지하는 비중이 워낙 큰 시기였기에 특별한 걱정이 없었기 때문입니다. 하지만 채 2년이 지나지 않아 항공기를 이용한 물류 수송이 급격히 늘어나면서 항공조종사에 대한 수요가 커지기 시작했습니다. 자연히 항공사를 꿈꾸는 학생이 매년 늘어나고 있습니다. 아무리 미래 사회를 예측하고 준비한다 하더라도 정치 경제 상황과 기술 변화에 따라 빠른 속도로 변하는 시대입니다. 결국 요즘 해양대학에 진학한 학생들 중 상당수가 졸업 후 진로를 위해 새로운 기술을 배우고 입학할 때 생각한 것과 다른 분야의 취업을 준비한다고 합니다.

진로를 결정하는 시기가 되면 부모는 요즘 잘나가는 분야나 직업이 무엇인지 관심을 가지고 알아봅니다. 하지만 요즘 잘나가는 분야라 해도 언제까지 유효할지는 알 수 없는 터라 선뜻 결정하기가 어렵습니다. 당연히 전문직에 더욱 관심을 갖게 됩니다. 초등학교 때 과학자를 꿈꾸던 아이가 성적이 오르면 의대나 약대를 권하는 부모마음에 어쩔 수 없이 공감합니다. 결국 미래 사회에도 인간이 할 일은 있고, 다만 지금 하는 일과는 다를 거라는 생각으로 아이가 변하는 세상에 관심을 갖고 그 변화 속에서 하고 싶은 일을 찾아가도록 가르쳐야 합니다.

04

일하는 젊은이가 점점 줄어들까?

현재 부모 세대는 한 사람이 부양하는 노인 인구가 한 명 정도지만, 인구절벽과 출생률 저하로 인해 향후 아이 한 명이 부양해야 하는 노인 인구는 수십 명이 될 거라는 얘기를 들으면 더욱 아이를 낳고 싶지 않습니다. 아이에게 짐 지우기 싫은 것이 부모 마음임을 안다면 출산 장려보다 젊은이들이 풍요롭게 살 수 있는 대책을 마련해야 한다고 생각합니다. 선진국과 출생률표를 비교해 보면 복지가 잘된 북유럽 국가나 프랑스의 출산 정책 등이 눈에 띕니다. 복지가 잘되면 아이를 많이 낳을 거라는 자명한 사실에도 불구하고 당장 먹고 살기 힘든 젊은이들에게 강요할 수만은 없는 이 상황이 난감합니다.

하지만 자세히 들여다보면 선진국은 출생률보다 고학력자 이민이나 난민 유입으로 인한 인구 변화가 더 큰 것 같습니다. 한국보다 출생률이 높다고는 하지만 큰 차이가 나는 것은 아닙니다. 유럽의 경우 대학이나 대학원 교육 지원을 통해 다른 나라의 고학력자들이 졸업 후 스웨덴이나 독일 같은 나라에 취업하여 정착하는 경우가 생기고 있습니다. 어쩌면 어릴 때부터 먹이고, 입히고, 교육시켜서 결국 남 좋은 일을 하는 게 아닌가 싶습니다.

일본은 문부성 장학생이나 공대 입학생에게 장학금을 지원하고 졸업 후 취업까지 보장해 주는 등 적극적으로 나서면서 일본에 정착하는 외국 학생이 늘어나고 있습니다. 미국은 이미 전 세계 우수 인력이 몰려들어 취업하고 정착하는 나라입니다. 한국도 교환학생이나 유학생이 늘어나고 있지만 다른 선진국처럼 졸업 후 취업이 보장되는 것은 아니어서 한국에 정착할 기회가 많지 않습니다. 당장 우리 청년들이 일할 곳도 부족한데 다른 나라 청년까지 책임지기는 어려운 상황이기 때문입니다.

정부는 해외 취업을 권하는 한편 한국의 인재들이 좀 더 넓은 시장에서 일하는 기회를 제공하고 있습니다. 하지만 성공한 청년들의 소식 뒤로 열악한 환경에서 착취당하고 범죄 피해를 입었다는 젊은 이들의 소식을 들을 때는 마음이 아픕니다. 인구절벽 사회가 되면 젊은이들이 일할 곳이 줄어들까요, 아니면 늘어날까요? 안타깝게도 나라의 경제 사정에 따라 다릅니다. 국가에서 부모나 청년들이 원하는 만큼 경제 지원을 해 주는 때가 금방 올 것 같지는 않습니다.

중학교 1학년 때 맞는 '자유학기제' 혹은 '자유학년제'는 세상에 어떤 직업들이 있는지 경험하며 진로를 고민하고 미래를 준비하기 위해 마련한 제도입니다. 하지만 교육 현장에서는 또 다른 기회의 불평등이 일어나고 있습니다. 지자체마다 교육 프로그램 전문 지도를 위한 정보와 지원금이 다르다 보니 어디에 사느냐에 따라 교육의 기회도 차이가 생기기 때문입니다. 실제로 다문화가정이 많은 지역은 교육 내용을 따라갈 기회조차 많지 않은 데다 학생 간 격차도 심해 진로나 진학 준비는 사치일 수 있습니다. 최근 들어 다문화가정 초등학생이 전체 초등학생의 1퍼센트를 넘어섰습니다. 출생률 상승과 더불어 다문화가정 아이들에 대한 교육 지원은 앞으로 일할 젊은 이를 양성하는 데 중요한 변수가 될 것입니다. 뿐만 아니라 초등학교와 중고등학교에 진학하며 준비하는 미래가 오로지 대학 입학이 되어 버린다면 그들이 꿈을 찾는 데 실패하여 온전히 정착할 때까지 소모되는 시간과 비용은 누가 책임져야 할까요? 결국 개인과 국가가 함께 손해 보는 상황이 발생할 것입니다.

일하는 젊은이가 줄어드는 걸 걱정하기보다 젊은이들이 미래를 준비하도록 지원하는 사회가 되어야 합니다. 국가가 교육을 통해 제공해야 하는 기회를 가정에서 고민해야 하는 현실이 안타깝지만 현실을 외면할 수는 없는 만큼 마음을 다잡고 미래에 대한 고민과 준비를 시작해야 합니다.

05

대한민국은 진짜
헬조선인가?

명문대 졸업생도 60퍼센트 정도만 취업에 성공하고, 그나마 공대와 다른 학과의 취업률 격차가 커지는 소위 '문송합니다' 시대를 사는 젊은이들은 대한민국을 '헬조선'이라 부릅니다. 부모님한테 등록금과 용돈을 받으며 학점 관리를 하고 동아리 활동이나 자기 계발에 집중하는 학생이 있는가 하면, 학비는 물론 월세와 생활비 등 모든 경제 문제를 직접 해결해야 하는 젊은이가 많습니다. 경제적으로 여유 있는 친구들보다 더 바쁘고 고달프게 살지만 정작 자신의 미래를 준비할 기회는 부족한 상황입니다.

얘기를 하다 보면 한숨이 날 정도로 참담하지만 부모 세대에도 그런 차이는 있었습니다. 다만 그 차이가 더욱 커 보이는 것은 부모 세대보다 기회의 격차가 벌어진 현실 때문입니다. 부모 세대는 공부를 잘하거나 기술 하나만 제대로 배워 두면 먹고살았던 기억이 있습니다. 요즘 대학생들이 취업을 위해 제출하는 자기소개서를 보면 마음이 착잡합니다. 기업 관련 정보와 업무에 대한 이해는 기본이고 취업 후 자신이 기여할 수 있는 내용까지 요구합니다. 학점 관리와 공인 인증 영어 점수는 물론 공대생이 한국사 인증 점수로 가산점을 받는 현실마저 보입니다.

기업 업무와 관련된 전문적 경험과 노력도 제시해야 하는 상황까지 확인하고 나면 대학에 입학하자마자 취업 준비에 매달려야겠다는 생각마저 듭니다. 이러한 상황을 뒤늦게 알아챈 학생들에게 취업은 참으로 불가능해 보일 수밖에 없는 일입니다.

대학 입시뿐 아니라 취업 시장에서도 부익부 빈익빈 현상이 생겨난 것 같습니다. 요즘 대학에서는 다양한 취업 프로그램을 제공합니다. 기업체 인사 관계자들을 초청하여 취업설명회도 열고 교수와 학생이 1대1 상담도 합니다. 교수들 역시 연구도 하고 연구 실적도 일정 수준 이상 내야 하고 담당 학생들의 진로도 상담해야 하니 예전 대학이 아닙니다. 산학협동과정을 통해 학생들에게 취업의 기회도 더 확대해야 하니 그 기회가 많은 학과나 교수가 아닌 경우는 바늘방석에 앉은 느낌입니다.

모 대학의 교수로 있는 필자의 친구도 늘 할당되는 취업률에 매년 부담을 느끼고 해결책을 찾기 위해 동부서주합니다. 필자도 진학 지도를 할 때 지원 학과의 취업률을 보며 권하는 상황이니 대학 진학보다 취업이 더 걱정인 시대를 사는 셈입니다.

대학을 졸업해도 취업이 어려운 현실을 미리 걱정하여 고등학교부터 '특성화고'를 지원하는 경우도 있습니다. 최근 다양한 특성화고가 만들어지고 고등학교 졸업 후 바로 취업하는 사례도 늘어나는 편이지만, 그 입학 조건을 맞추려면 중학교 1학년 때부터 준비해야 합니다. 성적은 물론 관련된 활동 실적까지 심사하기 때문에 미리 준비하지 않으면 입학의 기회를 놓치고 맙니다.

일반고에서도 고3이 되면 '직업학교' 프로그램을 통해 대학 입학 전에 특기를 살리는 기회를 제공하고 있습니다. 하지만 고2 때 신청해야 하고 그 조건에 출석일 수, 내신 성적 등 당장 바꿀 수 없는 내용들이 있어서 미리 준비하지 않으면 포기할 수밖에 없습니다. 게다가 분야도 다양하지 않아 선택이 망설여지기도 합니다. 2017년 서울시 교육청은 고2부터 직업학교 수업에 참가하는 정책을 추진 중이며 더 많은 지역으로 확대될 전망입니다.

아직 아이가 어린 부모라면 미리 준비할 경우 헬조선은 걱정거리가 아니라는 점을 명심해야 합니다. 국가가 모든 것을 책임지지 못하는 상황에서 우리 아이뿐만 아니라 기회를 얻지 못할 아이들이 다 함께 준비할 수 있는 도움의 손길이 필요합니다. 최근 지역 공동체나 자원 봉사 활동을 통해 기회가 부족한 아이들이 도움을 받고 있지만 그 또한 지자체의 사정에 따라 다릅니다.

2015년 구글이 한국 스타트업 기업 지원을 위해 설립한 '구글 캠퍼스(Google-Campus)'는 제품 아이디어를 지닌 젊은이들에게 좋은 기회가 되었습니다. 3D 컴퓨터를 이용해 개인이 제품을 완성하도록 도움을 주는 '디지털 공작소' 등 소비자이면서 생산자가 되는 프로슈머의 영역도 다양해지고 있습니다. 기발한 아이디어만 갖추면 제품을 생산하여 온라인을 통해 판매할 수 있습니다. 디지털 공작소는 일종의 팹랩(Fab-Lab)입니다.

제작(Fabrication)과 실험실(Laboratory)을 합친 팹랩[1]은 2001년 미국 매사추세츠공대(MIT) 미디어랩 주변 보스턴 지역의 빈곤층과 인도의 작은 마을에서 실시한 상생 프로젝트의 일환으로 출발했습니다. 당시엔 3D 프린터뿐만 아니라 비닐커터기, 재봉틀, 선반, 컴퓨터, 제어절단기, 3차원 스캐너도 사용했습니다. 팹랩은 큰 비용을 들이지 않고 아이디어로 1인 기업을 시작하는 기회를 제공합니다. 헬조선에서 살아남는 법은 '아이디어'와 '실천'입니다.

---

1 〈3차 혁명 이끈 디지털 공작소〉, 더스쿠프(thescoop.co.kr), 2013년 10월 11일.

06

학벌 사회가 무너질까?

막내와 밥을 먹다가 "학벌 사회가 무너질까?"라고 물었더니 "아니요."라고 대답합니다. 수능 때마다 전국이 들썩이고, 대학 입학 시즌이면 자기 지역에서 서울대를 가장 많이 보낸 고등학교가 어딘지 알아보고, 신문에 나는 학교별 서울대 입학생 리스트에서 자기 지역의 학교 이름을 확인하는 한 학벌 사회가 없어지지 않는다고 얘기합니다. 물론 필자도 상담 중에 대학진학률을 얘기하다가 문과에서는 어디까지 보냈고 이과에서는 어디까지 보냈다고 하면 부모들의 집중도가 높아집니다. 교육계에서 서울대를 기준으로 능력자를 인정하는 한 학벌 사회가 사라지지는 않을 것 같습니다.

그 서울대도 취업률은 다른 대학과 차이가 크지 않지만 대학원 진학률은 더 높습니다. 학과별로 취업률은 큰 차이가 있습니다. 공대의 취업률이 다른 학과보다 높은 것은 사실이지만 공대의 학과별로는 큰 차이가 납니다. 대학보다 전공이 취업이나 진로에 도움이 되는 경우가 많습니다. 대학 진학 대신 전문계고나 특성화고를 졸업한 후 취업하여 직장 생활을 하다가 대학에 입학하는 걸 고려하는 학생들이 있습니다. 얼마 전 고등학교를 졸업하면서 공무원 시험에 도전하겠다는 고1 학생을 상담한 적이 있습니다. 대학에 진학해서 공무원 시험 준비를 하느니 대학 입시를 포기하고 바로 공무원 시험을 준비하겠다는 거였습니다. 빨리 돈을 벌어서 하고 싶은 일을 하겠다는 생각이 강했습니다. 부모님도 좋은 대학에 진학한단 보장이 없으니 아이 의견을 적극 지원할 생각이라고 했습니다.

이젠 대학생이 아니라 고등학생이 공무원을 꿈꾸는 시대입니다. 공무원이 적성에 맞을지 따져보지도 않고 좀 더 빨리 돈을 벌겠다는 아이에게 달리 해 줄 말이 없었습니다.

국민이 기본으로 배워야 하는 교육을 모두 이수하여 더 이상 공부할 이유를 모르는 아이에게 대학 진학을 권할 수만은 없습니다. 아직 하고 싶은 일을 찾지 못한 아이에게 취업할 거냐고 물어보면 모두 당연하다고 합니다. 성공의 기준이 대학이 아니라 수입이라면 학벌 사회가 무너진다고 말할 수 있을까요? 금수저가 더 많이 명문대에 들어가고 다양한 기회를 얻는 한 학벌 사회가 무너진다고 보기 어렵습니다. 그들이 선점한 기회가 공개되지 않고 대를 이어 좋은 조건을 누리는 걸 당연하게 여기는 사회에는 이미 더 이상 올라갈 수 없는 유리 계단이 존재합니다.

하지만 기회의 불평등을 벗어나는 방법이 없는 것도 아닙니다. 미국에서만 빌 게이츠가 나올 수 있다고 생각하지 말고 아이가 무엇에 관심 있는지 물어보세요. 폭넓은 정보와 지식을 제공하는 인터넷을 이용해 전문 지식을 배우는 기회를 찾아야 합니다. 미국으로 유학 가지 않아도 인터넷을 통해 스탠포드대학의 강의를 듣고 유튜브의 'TED' 프로그램을 통해 세계적으로 성공한 사람들의 노하우를 얻을 수 있습니다. 미국의 한 초등학생이 인터넷에서 배운 대로 만들어 낸 기술을 대기업에 판매하여 화제가 되었습니다. 아이들이 인터넷을 통해 게임도 할 수 있지만 자신의 꿈도 이룰 수 있는 시대입니다. 학벌보다 능력을 우선시하는 사회가 되려면 아이를 기르는 부모의 교육관부터 바꿔야 합니다. 부모가 제공할 수 없다면 아이와 함께 다른 방법을 찾아서 그 꿈을 이룰 수 있습니다.

07

전문 직업이 평생을 보장해 줄까?

아이가 대학에 진학할 나이가 되면 부모는 직장에서 퇴직을 준비합니다. 당장 연금과 노후 생활을 걱정하는 처지가 되면 아이의 진학에 대한 생각이 달라집니다. 전문 분야에 종사하여 노후까지 정년 걱정 않고 돈을 벌었으면 하는 마음에서 아이의 대학 학과를 정하거나 공부에 관심 없는 아이에게 학원비 들이지 않고 기술을 가르치겠다는 생각이 듭니다. 초등학교 때는 꿈을 물어보면서 중고등학생이 되면 취업이 잘되는 직업이나 전문직을 추천하는 이유는 지속적인 교육비 지원이 어렵기 때문입니다. 아이를 전문가로 키우려면 석사 박사 과정을 거치고 유학까지 다녀와야 하는 현실이 경제적으로 큰 부담이 되기 때문입니다. 돈 걱정 없이 계속 공부시킬 수 있는 집들은 부모가 전문 직업을 가진 경우가 많으니 더욱 미련이 생기기 마련입니다. 최근 법학전문대학원(로스쿨)을 마친 젊은 변호사들이 취업에 얼마나 애를 먹는지 미디어를 통해 자주 접하고 취업조차 학벌이나 집안의 배경에 영향을 받는다는 뉴스를 볼 때마다 아이에게 든든한 후원자가 되어 주지 못하는 처지가 서글프기도 합니다.

집 근처 건물들을 살펴보면 1층은 약국이고 2층 이상은 대개 병원인 것이 현실인 동시에 강남에서도 문 닫고 야반도주하는 병원이 속출한다는 뉴스를 접할 때마다 의사와 약사 같은 전문 직종이 언제까지 수입을 보장할지 혼란스럽습니다. 상담하다 보면 부모가 의사여도 아이의 의대 진학을 원하는 경우와 원하지 않는 경우로 나뉩니다. 조심스럽기는 하지만 개인 병원을 가지고 성공리에 운영하는 경우는 의대 진학에 관심이 많고, 그렇지 않은 경우는 의대 진학에 회의적인 태도를 보입니다.

전문직 종사자가 많아 시장 경쟁이 치열하다는 이유도 아이의 진로 결정에 영향을 미칩니다. 의사 중에서 공학 쪽 감각이나 지식이 있으면 직접 의료 기기를 제작하여 특허를 받기도 합니다. 필자는 상담할 때 의대 진학 후 의학 지식을 기반으로 다양한 분야에 관심을 갖고 준비하기를 권합니다. '애플 리서치킷(Apple ResearchKit)'은 의학 관련 빅 데이터 수집을 위한 오픈 소프트웨어 프레임 워크입니다. 의사, 과학자, 연구자들이 아이폰 앱을 사용하는 연구 참가자들에게 데이터를 수집해 의료 연구에 사용함으로써 정확한 진단율을 높이는 데 기여할 것으로 보입니다.

의학 분야도 '진단'에서 인공지능 '왓슨'과의 공존이 시작되고 있습니다. 왓슨[2]은 인간이 감당할 수 없는 수만 건의 논문을 학습하고 각종 신약 정보를 습득, 판단하는 능력까지 갖추었습니다. 의사가 활용한다면 더 높은 확률로 정확한 암 진단과 치료법을 제시할 수 있다고 합니다. 가천대 길병원은 2015년 미국 IBM '왓슨 포 온콜로지'를 이용한 'IBM 왓슨 인공지능 암센터'를 열었습니다. 암 진단은 빠를수록 좋고 치료법에 대한 임상 정보가 많을수록 완치율이 높다는 점에서 획기적인 시도입니다. 인터넷으로 명의를 검색하는 시대는 곧 사라질 듯합니다.

이외에도 구글의 '인공지능 의사[3]'는 인공지능 딥러닝 기술을 활용해 당뇨성 암과 안구 질환을 진단하는 데 성공했습니다. 딥러닝(Deep Learning)은 컴퓨터가 인공 신경망(ANN, Artificial Neural Network)을 통해 사람처럼 스스로 빅 데이터를 학습하는 기계학습 기술입니다. 구글은 인도와 미국 지역 안과 의사 54명이 3~7회에 걸쳐 판독한 12만 8000개 영상으로 개발 데이터 세트를 만들었습니다. 기존의 영상 판독은 전문 교육을 받아야만 하는 분야인데 이제는 특별한 교육 없이도 정확한 진단을 할 수 있게 되었습니다.

---

2 〈인공지능 암 진단 왓슨, 의사는 사라질까?〉, 《국민일보》 쿠키뉴스, 2016년 12월 15일.
3 〈구글 인공지능 의사 이제 안구 질환, 유방암 진단한다〉, 《이코노믹 리뷰(Economic Review)》, 2017년 4월 30일.

좀 더 나은 의료 서비스를 받기 위해 지방에서 서울까지 올 필요도 없습니다. 그러나 자율주행차가 데이터 정보가 없는 도로에서는 속수무책인 것처럼 인공지능을 이용한 의료도 현장에서 직접 진단하는 전문 의사와의 협진이 없으면 유명무실해질 것입니다. 이 현실적인 문제가 해결될 때까지 전문가와 인공지능이 공존하는 사회가 유지될 것 같습니다. 하지만 인공지능 프로그램의 지원을 받는 의사들이 각광받는 사회가 될 거라고 생각한다면 과학기술의 변화에 적극적으로 적응하는 태도가 중요합니다.

인공지능이나 새로운 기술 변화는 법률 분야나 약학 분야 혹은 또 다른 전문 분야에도 영향을 미칠 것입니다. 한 가지 기술 계발이 꾸준히 연구해 오던 여러 분야의 연구를 유명무실하게 만들기도 할 것입니다. 3D 프린터의 도입으로 넓은 공장이나 원료 창고가 필요 없어지고 조립 분야가 사라질 수도 있습니다. 기존 전문가의 역할이 달라지고 새로운 전문 영역이 생겨날 것입니다. 확실한 것은 전문 직업은 변하더라도 영역의 변화는 크지 않으리라는 점입니다. 어느 분야든 전문 지식이 새로운 변화에 적응하는 데 큰 바탕이 되어 새로운 아이디어를 만들어 낼 것입니다.

08

'평생 직장'이 존재할까?

바야흐로 100세 시대입니다. 평생 직장이 존재할 것인가를 묻기보다 한 직장을 평생 다닐 생각이 있는가를 묻는 게 더 정확한 질문일지도 모릅니다. 부부가 결혼하여 함께 하는 세월이 30세에 결혼해도 70년이라면 일단 한숨부터 나옵니다. 무언가 계획을 세우지 않으면 그 오랜 시간을 함께 살아가는 게 지루하고 힘들어질 수도 있습니다. 우리 부부는 10년마다 테마를 정해서 생활합니다. 결혼 후 첫 10년은 '서로 좋아하는 일 해 주기', 다음 10년은 '각자 좋아하는 일 하기', 다음 10년은 '같이 좋아하는 일 하기'를 했습니다. 지금은 만난 지 40년이 되면 어떤 테마로 살아갈지 연구 중입니다.

필자의 경우 첫 직장은 대학원 전공과 관련된 쪽을 선택했습니다.

사회학과에서 사회 조사 방법론을 배우고 자료 분석이나 정책 연구 프로젝트를 다양하게 진행한 경력이 인정되어 100대1의 경쟁률을 뚫고 취업했습니다. 미디어 관련 분석 업무가 대부분이었던 그 시절에는 한국방송광고공사에서 교육하는 '국제 광고 자격증 과정'이 새로운 도전이 되었습니다. 둘째를 가지고 회사 생활을 하면서 저녁 시간에는 야간 수업을 듣는 등 바쁘게 살다가 출산이 가까워지자 휴학할 수밖에 없었습니다. 출산 후 재도전하여 과정을 이수한 이후에는 방송사 관련 업무와 광고 대행사 관련 업무까지 맡았습니다. 큰아이 낳고 급격히 떨어진 기억력을 복원하기 위해 시작한 영어 회화 공부 덕에 프랑스 미디어랩사에 조사보고서를 제공하는 기회도 얻었습니다. 출산 후 멍해진 필자를 무시하던 사람들이 하루아침에 태도를 바꾸는 것을 보고 새삼 미리 준비하는 것이 얼마나 중요한지 깨닫기도 했습니다. 결국 그 직장은 큰아이가 초등학교에 입학하면서 사표를 내고 말았습니다. 그 후 파트타이머로 정보 데이터 분석 회사에서 일했습니다.

2년 정도 지난 뒤 다시 전업주부의 자리로 돌아와 선배의 권유로 교육서를 쓰게 되었습니다. 두 아이를 키우며 실천한 노하우와 정보를 고스란히 담아낸 그 책은 호응을 얻어 베스트셀러가 되기도 했습니다. 직장을 다니며 육아와 관련된 노하우를 정리하거나 정보를 수집하고 아이들에게 직접 적용해 보지 않았다면 현실적인 내용을 쓸 수 없었을 것입니다. 특히 영어 교육과 관련된 노하우는 두 아이가 태어나면서부터 시작한 경험을 잘 정리해 둔 것이 큰 도움이 되었습니다. 첫 직장을 다니는 동안에 따로 시간을 내어 하고 싶은 일들을 해 둔 것도 좋은 정보가 되었습니다. 베스트셀러 작가가 되면서 강연도 하고 다시 책도 쓰고 교육 상담과 방송 출연을 하는 동안 11년의 세월이 흘렀습니다.

대학을 졸업하며 '잘하는 일'과 관련된 직업을 얻고 일을 했지만 10년 정도가 지나면 '하고 싶은 일'에 대한 미련을 버리지 못합니다. 하지만 과감하게 하고 싶은 일을 시작하려면 첫 직장에 다니는 동안 하고 싶은 일을 해 보는 자투리 시간을 가져야 합니다. 하고 싶은 일도 10년이나 15년을 하다 보면 식상해집니다. 그다음에는 '좋아하는 일'을 해 보기를 권합니다. 좋아하는 일도 하고 싶은 일을 하면서 취미 생활 하듯이 시작하면 10년쯤 지났을 때 전문가 못지않은 실력을 갖추게 됩니다. 필자는 요즘 좋아하는 일과 관련된 취미에 빠져 있습니다. 좋아하는 일은 지금까지 해 온 일 중에서 가장 오랜 시간 하게 될 것 같습니다. 좋아하는 일은 쉽게 질리지 않을 것이기 때문입니다.

대입 상담을 하다 보면 아이들이 지원 학과를 정하지 못하고 고민하는 경우가 허다합니다. 이런 경우 지금 전공을 결정해도 평생 그 분야에서 일할 게 아니니까 걱정하지 말고 관심이 가는 분야를 말해 보라고 하면 얼굴이 환해지면서 다른 전공에 대해서도 질문합니다. 대학 입시를 앞두면 성적에 맞추어 학과를 결정하던 부모 세대와 별반 차이 없는 결론에 도달합니다.

부모는 학과가 마음에 들지 않더라도 졸업한 경험을 떠올리며 아이가 대학만 들어가면 된다고 생각합니다. 하지만 요즘 학생들은 학과가 내키지 않으면 학교에 잘 나가지 않습니다. 집에서는 학교에 다니는 줄 아는데 계속 결석하여 학사경고를 받거나 휴학을 합니다. 복수전공을 하거나 전과를 하겠다고 노력하는 경우도 있지만 대학 1학년 성적이 좋아야 하기 때문에 마음에 안 드는 학과에서 좋은 성적을 받는 게 얼마나 어려운지 생각하면 현실적으로 불가능해 보입니다. 매년 상담한 학생들이 대학에 입학하지만 한 학기 이내에 연락이 오지 않을까 불안해하며 전전긍긍할 때도 있습니다.

평생 직업을 준비하기보다 관심이 가는 진로를 정하고 그 연관 분야로 활동을 확장해 나가는 안전한 선택을 권하고 싶습니다. 대학 입학 후 관심 분야와 관련된 활동을 하면서 노하우도 쌓고 스펙도 만들어 취업하거나 진학한다면 손쉬운 성공 전략이 될 것입니다. 물론 전혀 생소하거나 전공과 동떨어진 선택을 하고 싶어도 상관없습니다. 여대 경영학과를 졸업하고 대기업 간부까지 지낸 분이 생명과학 분야를 공부하여 예순에 박사 학위를 받았다는 얘기를 들었습니다. 지도 교수가 앞으로 공부할 시간이 40년은 더 남았다고 했다는데 틀린 말도 아닙니다. 100세 시대에는 평생 직장도 평생 직업도 당사자의 선택에 달려 있습니다. 지금 하는 일이 전부가 아니며 앞으로 할 일도 끝이 없습니다. 무엇을 할 것이며 무엇을 하고 싶은지 우선 아이가 생각해 보는 것부터 시작해야 합니다.

제2장

문·이과통합교육,
내 아이를 위한 첫 번째 멘토링

INITRIO

고등학교 때 문과와 이과로 나뉘어 수업 받은 부모 입장에서는 2018년부터 시행되는 문·이과통합교육이라는 용어 자체가 생소하기만 합니다. 급변하는 4차 산업혁명의 시대를 살아가야 할 아이들이 좀 더 나은 기회를 얻었으면 하지만 도무지 종잡을 수 없는 변화에 걱정만 앞섭니다. '무엇을, 어떻게 가르쳐야 하나?'라는 물음에 답을 얻으려면 새롭게 시행하는 교육 과정부터 이해해야 합니다.

2장에서는 2018년부터 새롭게 시행되는 문·이과통합교육을 소개하고 STEAM, 자유학기제처럼 이미 시행 중이거나 2018년부터 시행되는 초중고 코딩 교육이 '창의 융합 인재 교육'과 어떻게 맞물리는지 알아보겠습니다.

2000년부터 시행된 7차 교육 과정인 '의사소통 교육(커뮤니케이션 교육)' 이후 여러 차례의 개정안을 통해 국어, 수학, 과학 같은 주요 과목의 교과서를 다시 만들었으며 '스토리텔링 수학' 등 교육 내용의 변화도 시도했습니다. 과학 분야는 물리, 화학, 생물, 지구과학 등 과목을 나누어 가르치는 '통합과학'에서 자연과학 중심의 '융합과학'을 통해 새로운 공부 방향을 제시하기도 했습니다. 초등1부터 중3까지 9년 동안 국민이 기본으로 배워야 하는 내용은 2012년 이후 STEAM 교육으로 재편성했습니다.

STEAM 교육은 문과·이과 과목과 예체능 과목에서 가르치던 지식 전달 중심의 기존 교육 방식과 사뭇 다릅니다. 사회와 과학 현상 전반에 호기심을 가지고 능동적으로 지식을 습득하는 교육을 지향합니다. 이외에도 중1 대상의 자유학기제와 자유학년제는 공부를 왜 해야 하는가에 의문을 가지고 해답을 찾아 진로를 정하고 준비하는 미래형 인재를 위한 프로그램입니다.

21세기형 교육 과정은 학생들이 새로운 글로벌 환경에 적응하고 꿈을 이룰 수 있는 교육 현장을 제안합니다. 안타까운 점은 교육 인프라와 콘텐츠 부재, 예산 부족 등의 이유로 목표는 미래지향적이지만 자주 엇박자를 낸다는 것입니다. 교육 환경이 좀 더 나은 지역의 학생들과 기회가 적은 학생들 간의 교육 격차는 진학에도 영향을 미칩니다. 공교육만으로는 학생 개개인에게 필요한 지도가 부족해 많은 학생이 사교육에 의지하는 현실입니다. 과도한 교육비를 지불하는 궁극적인 이유는 부모들이 아이가 무엇을 배우는지, 혹은 무엇을 배울지 모르는 데다 그 교육을 왜 이 시기에 시작하는지 이해하지 못하기 때문입니다. 모를수록 더 불안한 것이 사람 마음이다 보니 사교육에 더욱 매달리는 것입니다.

교육 과정에 대한 정보는 뉴스 등을 통해 제공되지만 아이마다 바코드처럼 다른 교육 과정을 배운 터라 그 내용이 우리 아이에게 적용되는지조차도 판단하기 어렵습니다. 필자 같은 전문가들도 수시로 바뀌는 교육 과정에 대해 공부해야만 하는 교육 현실은 아이에게 신경 쓸 겨를이 없는 부모의 마음을 더 아프게 할 뿐입니다.

2장에서는 2018년부터 시행될 '문·이과통합교육과정'을 꼼꼼히 살펴봄으로써 중학교와 고등학교에서 배울 내용들을 이해하여 아이를 잘 지도하도록 제안할 생각입니다.

01
STEAM 교육

2012년부터 시행해 온 STEAM 교육은 미래 사회에 적응하는 창의 융합 인재로 성장시키는 데 그 목적이 있습니다. STEAM은 과학(Science), 기술(Technology), 공학(Engineering), 인문·예술(Arts), 수학(Mathematics) 교육을 통해 '과학기술에 대한 학생의 흥미와 이해를 높이고, 과학기술 기반의 융합적 사고력(STEAM Literacy)과 실생활의 문제해결력을 배양하는 교육'이라고 설명할 수 있습니다. 실생활 문제(Real World Problem)는 어느 한 과목만의 지식으로는 풀 수 없고 다양한 학문의 지식을 활용해야 해결 가능한 복합적인 문제입니다. 이런 문제를 해결하기 위해 여러 교과의 지식을 활용하는 과정에서 자연스레 융합이 일어나는 것입니다.

STEAM 프로그램에 반드시 수학, 과학이나 공학, 기술 또는 예술 요소 전부가 포함되어야 하는 것은 아닙니다. 주제나 문제와 관련된 지식과 기능 중에서 필요한 부분만 포함해도 됩니다. 과학과 수학의 개념과 원리를 이용해 뼈대를 만들고 공학과 기술을 통해 실생활과 연계되는 문제를 해결하도록 유도합니다. 과학과 수학이 중심 역할을 담당하기 때문에 수업 내용에도 과학기술 내용이 포함되어야 합니다. 미국과 영국은 1990년 이후 과학기술 분야 우수 인재를 확보하기 위해 '스템(STEM) 교육'을 실시하고, 독일은 '민트(MINT) 교육'을 실시하고 있습니다.

한국은 미래 과학기술 인재의 창의성은 인문·예술 소양에서 시작될 거라는 취지 아래 STEM에 인문·예술(A)을 덧붙여 창의성을 기르는 STEAM 교육을 시행했습니다. 성취도는 최상위지만 흥미도와 자신감은 중하위권인 수학과 과학 분야의 새로운 교육법을 제시합니다. 또한 주입식 암기식 학습 내용을 대폭 줄이고 첨단 과학과 생활 기술에 예술적 수업 기법을 적용하여 체험, 탐구, 실험 위주로 구성된 STEAM 교육 프로그램 및 콘텐츠를 개발, 보급합니다. 평가 부문도 객관식, 단답형 문제만 출제하던 초중고 교과 시험에서 '서술형 논술' 문제의 비중이 점차 늘어나고, 시험 문제도 단순 서술형 평가가 아닌 더 깊은 사고력과 더 높은 질의 해답을 요구하는 '서술형 논술' '통합 논술 평가'로 다양하게 변하고 있습니다.[1]

---

1 〈융합 인재 교육이란〉, 한국과학창의재단, steam.kofac.re.kr.

하지만 초등학교보다 입시에 직접 관련된 중고등학교는 평가의 공정성을 위해 다양한 시험 문제를 도입하기 어려운 만큼 토론과 프레젠테이션 수업 등을 통해 좀 더 다양한 공부법을 도입하고 '수행 평가' 같은 평가 방법도 실시하고 있습니다. 최근 수행 평가 성적을 전체 성적의 50퍼센트 정도 적용하기 때문에 수업의 적극적인 참여가 평가에서도 도움이 된다는 점은 꼭 챙겨 두어야 할 정보입니다. 시험 때만 바짝 공부해서는 좋은 성적을 얻을 수 없다는 것입니다.

그러다 보니 학생들은 미리 수업 일정을 체크해야 하고 시간 계획을 잘 짜서 준비해야 시험이 임박했을 때 시행하는 수행 평가에서 좋은 성과를 낼 수 있습니다. 수행 평가 외에도 '수업 태도' 점수는 수업 시간에 적극적인 참여를 유도하는 평가 방법인데 아쉽게도 수줍음이 많은 아이에게는 큰 도움이 되지 않아 답답해하는 부모가 많습니다. 초등학교부터 미리 발표 요령을 익혀서 수업에 적극적으로 참여하는 습관을 기르도록 잘 도와줄 필요가 있습니다.

아이들은 앞으로도 같은 방식으로 수업이 진행된다는 것을 알면 없는 용기도 끌어내는 잠재력을 가지고 있습니다. 학생들이 학교에서 배운 내용과 관련된 상황을 찾고 창의적 설계를 하여 실생활과 관련된 문제를 해결하는 데 적극적으로 참여해 얻는 성공과 실패의 경험으로 또 다른 문제에 도전하는 열정이 생길 수 있게 교육해야 합니다.

융합 인재 교육, STEAM 교육 방법

이 과정에서는 첫째, 학생이 문제 해결의 필요성을 구체적으로 느낄 수 있는 상황을 제시합니다. 수업에서 다루는 학습 내용과 활동 사항을 학생 자신의 문제로 받아들여 호기심과 관심을 불러일으키자는 것입니다. 흥미가 있어야 해결해 보려는 동기가 생기고 자연스럽게 계속 도전하는 열정이 일어난다는 전략입니다.[2] 그러나 수업에 대한 기본 내용은 수업 시간에 개요를 소개하더라도 학생이 미리 생각해 둔 관심사가 아니면 이론처럼 흥미가 생기지 않습니다.

초등학생의 경우, 앞으로 배울 단원의 기본 내용을 예습하여 좀 더 적극적으로 수업에 참가하도록 부모가 도와줘야 합니다. 초등학생에게 예습은 벅찰 수 있지만 관련 용어나 상황에 대해 부모와 미리 얘기해 보는 정도의 가벼운 준비는 부담스러워하지 않습니다. 실제로 초등학교 교과서는 과목은 달라도 단원별 테마가 연결되기 때문에 아이가 적응할 때까지는 전체 과목보다 관심 있는 과학이나 사회 과목 중에서 선택하는 것이 수월합니다.

중고등학생은 초등학교 때 배운 학습법에 익숙해져서 미리 예습하면 잘 적응할 수 있습니다. 하지만 초등학교 때 수업에 적극적으로 참여하지 않았다면 중고등학교 수업에도 관심이 없을 것입니다. 이런 경우 자신의 관심 분야와 관련된 수업을 찾아내어 수업에 참여

---

2 〈융합 인재 교육이란〉, 한국과학창의재단, steam.kofac.re.kr.

할 수 있도록 도와주는 지도가 필요합니다.

미국 메릴랜드의 15세 소년 잭 앤드레커(Jack Andraka)는 가족 같은 테드 아저씨가 췌장암으로 돌아가시자 췌장암 진단에 관심을 갖게 되었습니다.[3] '현대 의학이 이토록 발전했는데 왜 췌장암을 발견하지 못한 걸까?'라는 의문을 가지고 인터넷에서 정보를 찾기 시작했습니다. 현재 사용되는 췌장암 진단법은 60년 전에 개발된 기술이고 정확도도 30퍼센트밖에 안 되지만 검사 시간은 14시간이나 걸리는 데다 검사비도 비싸다는 것을 알았습니다. 잭은 인터넷 검색을 통해 암에 걸리면 혈액 내 특정한 단백질이 혈액 내에서 증가한다는 사실도 발견했습니다. 췌장암이 걸리면 증가하는 단백질만 찾아내면 되겠다고 생각했지만 췌장암이 걸렸을 때 발견되는 단백질은 8,000종이나 되었습니다. 잭은 방학 3개월 내내 어려운 논문을 읽어가며 단백질 하나하나를 분석하기 시작했고 4,000번째 도전에서 췌장암, 난소암, 폐암이 걸리면 증가하는 단백질 '메소텔린'을 찾아냅니다. 개학 후에는 생물 시간에 몰래 읽은 과학 논문에서 '탄소 나노 튜브'를 접하게 됩니다. 이 탄소 나노 튜브에 특정 단백질에만 반응하는 항체를 엮으면 센서를 만들 수 있겠다는 아이디어를 떠올렸습니다.

존스홉킨스대학의 전문가 200명에게 메일을 보냈는데 단 한 사람

---

3 〈세상을 바꾼 10대, 잭 앤드레커〉, CHANGE GROUND, 1boon.daum.net, 2017년 5월 5일.

에게서 가능할 것 같다는 답신을 받았습니다. 잭은 500편이 넘는 논문을 읽으며 준비한 뒤 면접과 설득을 통해 작은 실험 공간을 얻고 매일 학교가 끝나면 실험실로 갔습니다. 그리고 실패를 거듭한 끝에 7개월 뒤 췌장암을 진단하는 센서를 만들어 냈습니다. 검사 시간은 5분, 비용은 3센트(35원), 정확도는 거의 100퍼센트였습니다. 뿐만 아니라 폐암, 난소암도 찾아낼 수 있고 심장병, 말라리아, 에이즈 등의 질병에도 응용이 가능합니다. 잭은 대학 진학 후에도 암세포를 죽이는 나노봇, 진단 센서 프린터 등을 연구하고 있습니다.

STEAM 교육은 국내에서도 잭 앤드레커 같은 인재가 나올 수 있는 교육 과정일 수 있습니다. 배워야 할 내용을 과감하게 줄인다면 가능할지 모르지만 대학 진학 후 겪게 될 관련 기초 지식 부족의 여파를 고려하지 않을 수 없습니다. 대부분의 중고등학생은 자신의 관심과 별개의 이론들을 배우기에 바쁜 진도입니다. 교육 과정에서 배워야 하는 내용들을 대학 교육에 필요한 것 위주로 재편성할 때가 되었습니다.

둘째, '창의적 설계'는 학생의 아이디어를 수업과 활동에 반영하여 문제해결력을 기릅니다. 기존의 수업은 교사의 강의를 통해 기본 개념을 전달할 뿐 아니라 실험과 활동 위주로 구성해도 미리 짜 놓은 순서에 따라 실습하거나 이미 배운 내용을 다시 확인하는 차원을 벗어나지 못했습니다. 그러나 창의적 설계는 학생의 아이디어를 수업과 활동에 반영하는 것이 핵심입니다. 학교 수업에서는 모든 학생이 동일한 결과물을 얻습니다. 게다가 과학 지식의 대부분은 완성된 이론이기 때문에 실생활에서 마주치는 문제와 다릅니다. 문제해결력을 기르려면 단순히 지식을 습득하는 데 그치지 않고 활용까지 나아가야 합니다. 실생활에서 주어지는 문제는 이론적인 지식만으로 해결하기가 어렵습니다.

STEAM 수업을 통해 창의적 설계를 반복할수록 문제 해결 능력이 높아집니다. 과학은 '왜?'라는 질문에 답을 제시하는 학문입니다. 아이들이 궁금해하는 질문은 대부분 과학의 범주에 속합니다. '하늘은 왜 파랄까?' '우주에서 가장 작은 입자는 무엇일까?' 등 그 원인과 이유를 묻는 것입니다. 반면 공학은 '어떻게?'라는 질문에 답을 줍니다. '어떻게 하면 비행기를 더 안전하게 만들까?' '어떻게 해야 작은 공간에 더 많은 데이터를 저장할까?' '같은 돈으로 집을 더 따뜻하게 하려면 어떻게 해야 할까?' 같은 문제를 해결하기 위해 고민하는 것입니다.

교과서에서 제시하는 실험은 대부분 명확한 답이 존재합니다. 주어진 문제를 스스로 해결하기보다는 이미 배운 것을 다시 확인해 보는 데 목적이 있는 것입니다. 교과서는 세부적인 실험 과정까지도 친절히 안내하기 때문에 학생들이 창의적으로 문제 해결 과정을 설계해 보는 기회가 부족합니다. 설령 기존 과학 지식을 확인하는 일이 문제 해결 과정에 포함된다 해도 설계 과정은 반드시 필요합니다. 여러 제약 조건 아래서 어떻게 실험을 진행할 것인지 스스로 생각해 볼 수 있어야 합니다. 교사의 지시에 따라 몇 가지 실험 도구를 조작하는 것만으로 실험 활동의 범위가 줄어든 것은 안타까운 일입니다.

창의적 설계의 출발점은 자신에게 주어진 문제를 스스로 정확하게 인식하는 순간입니다. 문제를 정확히 파악한다는 것은 제약 조건이 무엇인지 파악한다는 뜻입니다. 문제를 해결해 나가는 과정은 과학기술 분야의 연구 개발이나 산업 현장에서 실제로 하는 방식입니다. 그러므로 창의적 설계를 하다 보면 한두 과목의 제한된 지식만으로는 불가능하며 여러 학문의 지식들이 자연스럽게 융합됩니다.[4]

다만 창의적 설계 같은 수업을 진행하려면 교사의 전문성이 절실합니다. 실제 수업 현장에서는 PPL(Projet 혹은 Problem Based Learning)이 주어진 당면 과제를 스스로 해결하는 수업을 진행하기 위해 교사들의 재교육이 절실하게 필요한 실정입니다. 2000년 이후 교육 과정이 강의식에서 학생들이 수업에 직접 참여하는 내용으로 조금씩 바뀌고 있지만 학문 간 범위를 넘어서 학생들의 아이디어를 끌어내고 이끌어 줄 수 있는 교사는 턱없이 부족합니다.

끊임없이 쏟아져 나오는 학생들의 아이디어를 지도하기보다 인터넷이나 전문가 지도 체제와 연결되는 정보를 제공하는 안내자의 역할을 하는 것도 큰 도움이 되는데 이런 역할은 부모도 할 수 있습

---

4 〈융합 인재 교육이란〉, 한국과학창의재단, steam.kofac.re.kr.

니다. 아이가 어떤 자연 현상에 관심을 가지면 인터넷이나 책을 통해 알아보고 간단하게 설명해 줄 수 있지만, 무언가를 만들고 싶어 할 때는 어떻게 해야 할까요? 우선 인터넷에서 제작하고 싶은 것을 찾아보라고 지도합니다. 아이가 검색해도 나오지 않는다고 얘기할 때는 '검색어' 지정이 잘못되었거나 모호한 경우가 대부분이니 검색어 힌트를 상세히 알려 주면 됩니다. 인터넷 검색과 관련된 교육은 초등학교 4학년부터 시작되므로 그보다 더 어린 학생들은 부모가 함께 찾아보는 것이 좋습니다.

아이가 과학에 관심이 많다면 다양하게 펼쳐지는 각종 과학 행사에 직접 참석해 보는 것도 좋습니다. 과학 행사에 관한 정보는 한국과학창의재단에서 운영하는 '사이언스 올' 홈페이지(www.scienceall.com)에서 확인할 수 있습니다. 행사 정보 외에 초중고 교과서에 실린 과학 실험을 동영상으로 확인하고, 과학 웹툰과 과학 이야기도 읽어 볼 수 있어서 매우 유익합니다. '스마트 과학실험실'은 생활 속 과학 실험까지 다루고 있어 아이의 호기심을 자극하기에 안성맞춤입니다.

특히 주목할 점은 '사이언스 러닝' 부분입니다. 초중학교에서 배우는 과학과 수학, 소프트웨어(SW) 교육이 단원별로 부모나 교사가 직접 지도하기 쉽게 잘 구성되어 있습니다. 과학이나 수학 관련 자료는 부모가 설명해 주기 어려운 문제들을 단원별로 선정해 동영상 강의를 하고 있으니 아이가 질문할 때 답이 막히더라도 걱정할 필요

없습니다. 소프트웨어 교육은 학교에서 배우는 내용이 잘 이해되지 않는 아이에게 설명해 줄 수 있도록 연계 교과 과정 단원별로 정리해 놓았습니다.

이외에 '사이언스 올' 홈페이지에서 이용할 수 있는 '사이언스 타임즈' '사이언스 레벨업'[5] '과학 창의 오픈 콘텐츠 광장'[6]은 아이의 과학적 상상력을 확장시키는 새로운 자극제가 될 것입니다. 과학 관련 주요 사이트를 보고 주말이나 방학 때 가까운 과학관에서 다양한 체험을 경험해 보는 것도 좋습니다.

각 지자체 교육청의 '창의융합캠프'와 서울대 차세대융합기술연구원, 명지대 영재교육센터가 '노벨상 수상 연구 업적 실험'을 목표로 함께 운영하는 '창의융합영재캠프'처럼 대학과 지자체 교육청이 지원하는 프로그램은 교육청과 대학 홈페이지 등에서 관련 정보를 얻을 수 있습니다.

셋째, 제시된 상황을 자신의 문제로 인식하여 창의적 설계 과정을 통해 해결하면 아이 스스로 성공의 기쁨을 느낄 것입니다. 이 성공의 기쁨을 바탕으로 새로운 문제에 도전하도록 격려합니다. 아이 스스로 자기 주도 학습을 진행하는 모든 활동과 경험이 곧 감성 체험과 연결되기 때문입니다. 감성 체험의 효과를 높이려면 아이가 학습

---

5 사이언스 레벨업은 기초 과학부터 ICT 신기술까지 국민 모두가 알아야 하는 과학 콘텐츠를 모아 둔 온라인 플랫폼으로 게임을 즐기듯 과학 상식을 기르는 사이트입니다.
6 과학 창의 오픈 콘텐츠 광장은 한국과학창의재단이 보유한 10만 건의 과학 및 창의 교육 관련 콘텐츠를 한곳에서 검색할 수 있는 수요자 맞춤형 검색 사이트입니다.

표 2-1 과학 관련 주요 사이트

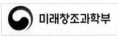 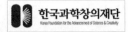 

국립과학관(국립중앙과학관 포함 10개 기관)		
국립과천과학관	국립서울과학관	국립대구과학관
국립광주과학관	국립산림과학원	수산과학관
농업과학관	국립수목원	남부산림과학관

공립과학관		
서울특별시과학전시관	서울영어과학교육센터	부산광역시어린이회관
부산광역시과학교육원	부산유아교육진흥원	대구광역시과학연구원 과학관
대구광역시어린이회관	인천학생과학관	인천어린이과학관
광주광역시교육과학연구원	대전광역시교육과학연구원	대전시민천문대
충청남도과학전시관	울산과학관	경기도과학교육원 과학전시관
의정부과학도서관 천문우주체험실	안성맞춤천문과학관	춘천창의교육지원센터
양구국토정중앙천문대	홍천생명건강과학관	충북교육과학연구원
제천한방생명과학관	충주고구려천문과학관	충주자연생태체험관
증평좌구산천문대	당진해양테마과학관	서산류방택천문기상과학관
장영실과학관	칠갑산천문대	보령서해갯벌생태과학관
전라북도과학교육원	남원항공우주천문대	무주반디별천문과학관
전라남도과학교육원	고흥우주천문과학관	곡성섬진강천문대
순천만천문대	정남진천문과학관	전라남도해양수산과학관
섬진강어류생태관	목포어린이바다과학관	정남진물과학관
경상북도과학교육원	구미과학관	민물고기생태체험관
보현산천문과학관	영양반딧불이천문대	영천최무선장군과학관
울진과학체험관	거제조선해양전시관	창원과학체험관
하동군지리산생태과학관	거창천적생태과학관	김해천문대
경상남도과학교육원	사천첨단항공우주과학관	제주민속자연사박물관
제주교육과학연구원	서귀포천문과학문화관	제주별빛누리공원

활동의 필요성을 느끼는 데 그치지 않고 스스로 생각을 이어 가도록 도와줘야 합니다. 제시된 문제가 실생활에 어떻게 연결되는지, 이와 비슷한 상황이 생기면 어떻게 해결되는지, 관련된 다른 내용은 없는지, 유사한 활동을 계속하려면 어떻게 해야 하는지 등 호기심과 흥미를 유지하는 게 가장 중요합니다.[7]

아이가 실생활에서 일어나는 문제에 관심을 가지고 해결법을 찾는 과정에서 과학이나 인문 영역의 구분 없이 지식을 활용하도록 지도하는 것은 쉬운 일이 아닙니다. 하지만 앞에서 다룬 융합 인재 교육, STEAM 교육은 수업에서 더 이상 학생들이 소외되지 않고 자기 주도적 해결 방안을 모색하는 경험들을 쌓아 학교를 졸업한 후에도 다양한 분야에서 융합 인재들이 활약하는 출발점이 될 것입니다. 그러므로 초등학교 때부터 아이가 무엇을 배우는지 자세히 모르더라도 수업 준비에 충실한지 점검하고 앞으로 배울 단원을 예습하는 습관은 꼭 갖추도록 챙겨 줘야 합니다.

---

7 〈융합 인재 교육이란〉, 한국과학창의재단, steam.kofac.re.kr.

02
자유학기제, 자유학년제, 고교자유학년제

　2016년 3월부터 중학교 1학년 1, 2학기 혹은 중학교 2학년 1학기 중 한 학기 동안 시행하는 '자유학기제'가 시작되었습니다. 자유학기 제는 중학교 과정 중 한 학기 동안 학생들이 시험 부담에서 벗어나 꿈과 끼를 찾을 수 있도록 토론과 실습을 통해 학생들이 참여하는 수업을 하고, 진로 탐색 활동 등 다양한 체험 활동이 가능하도록 교육 과정을 유연하게 운영하는 제도입니다. 자유학기제 기간에 이루어지는 학교생활은 크게 '교과 수업'과 '자유 학기 활동'으로 나닙니다.[8]

　오전에는 국어, 영어, 수학, 사회, 과학, 기술·가정, 체육, 도덕 등

---

8 표 2-2 자유학기제 시간대별 수업 내용(65쪽) 참조.

교과 수업이 이루어집니다. 수업은 토론, 실험·실습, 프로젝트 학습 등 전 과정에 학생이 주도해서 참여하는 방식으로 진행됩니다. 평가는 지속적인 관찰 평가, 형성 평가, 자기 성찰 평가, 포트폴리오 평가, 수행 평가 등으로 나누어 체크합니다.

오후에는 '진로 탐색 활동' '주제 선택 활동' '예술·체육 활동' '동아리 활동'을 합니다. 진로 탐색 활동은 진로 검사, 초청 강연, 직업 탐방, 일터 체험 등 적성과 소질을 탐색해 미래를 설계할 수 있도록 체계적으로 운영됩니다. 주제 선택 활동은 헌법, 경제·금융, 고전 토론, 체험 수학, STEAM 과학 등 학생의 흥미, 관심사에 맞는 체계적이고 심층적인 프로그램으로 학습 동기를 유발하고 깊이 있는 학습 기회를 제공합니다. 예술·체육 활동은 연극, 뮤지컬, 오케스트라, 디자인, 축구 등 다양하고 내실 있는 예술·체육 교육을 통해 학생들의 소질과 잠재력을 찾아 줍니다. 동아리 활동은 문예 토론, 과학 실험, 천체 관측 등 학생들의 공통된 관심사를 기반으로 운영되며, 이를 통해 특기와 적성은 물론 자율적 문제 해결 능력을 키워 줍니다.

자유학기제를 통해 학생들은 강의식 암기식 수업에서 벗어나 자신의 생각을 자유롭게 표현하고 여러 가지 활동을 통해 자신의 강점과 역량을 개발할 수 있습니다. 학부모 역시 숫자로 표기되는 시험 결과에 마음 졸이기보다 아이가 학교 수업을 통해 어떤 것을 배우고 느꼈는지 확인할 수 있습니다.[9]

---

9 〈자유학기제 소개〉, 교육부 자유학기제(www.ggoomggi.go.kr).

표 2-2 자유학기제 시간대별 수업 내용

		자유학기제 수업 내용			
오전	교과 수업	국어, 영어, 수학, 사회, 과학, 기술·가정, 체육, 도덕 등			
오후	자유 학기	진로 탐색 활동	주제 선택 활동	예술·체육 활동	동아리 활동
	활동	진로 검사, 초청 강연, 직업 탐방, 일터 체험 등	헌법, 경제·금융, 고전 토론, 체험 수학, STEAM 과학 등	연극, 뮤지컬, 오케스트라, 디자인, 축구 등	문예 토론, 과학 실험, 천체 관측 등

　자유학기제가 성공하려면 학생들의 요구에 적절한 정보를 제공하는 전문 프로그램이 필요합니다. 교육부는 '창의 인성 교육넷(크레존 www.crezone.net)' '자유학기제(www.ggoomggi.go.kr)' '자유학기제 진로 체험 지원(진로체험꿈길 www.ggoomggil.go.kr)' 등을 통해 자유학기제 정책의 이해를 돕고 학생들이 체험하고 싶은 프로그램에 대한 정보를 제공하는 것은 물론 직접 체험할 기관까지 연결해 주고 있습니다. 특히 '진로체험꿈길'은 체험 장소 신청도 받고 원하는 학교를 연결해 주며, '농산어촌 진로 체험 버스'를 운영함으로써 도시에 비해 진로 체험의 기회가 적은 지역에도 다양한 체험 기회를 제공합니다. 교육부 체험 프로그램은 '농어촌 ICT 지원 원격 영상 진로 멘토링' '정부 부처 연계 진로 체험 프로그램' '지역 맞춤형 진로 체험 프로그램' '스타트업 캠퍼스' 등이 있는데 교육부의 진로체험꿈길을 통해 신청하면 됩니다.

　이 밖에 '한국직업능력개발원' '한국교육개발원' '한국과학창의재단' 같은 자유학기제 지원센터도 운영하고 있습니다.

자유학기제 지원센터는 각자 역할을 나누어 자유학기제의 성공적인 정착을 위해 노력하고 있습니다. 한국직업능력개발원은 월간 지나 웹진, 정보지를 통해 다양한 정보를 제공하고 진로 탐색 프로그램을 지원합니다.[10] 한국교육개발원은 교실 수업에 필요한 자유학기제 운영 종합 매뉴얼과 성과 자료집을 통해 자유학기제가 성공리에 확대될 수 있도록 도움을 줍니다. 한국과학창의재단은 창의적 체험 활동, 교육 기부 등 자유학기제 체험 활동을 소개하고 자유학기제 맞춤형 콘텐츠를 제공합니다. 학생들이 체험 활동을 통해 자신의 꿈과 끼를 발견하고 진로를 결정하는 데 필요한 다양한 프로그램을 갖추고 있습니다.

2016년부터 전국에서 본격 실시하는 자유학기제는 이전까지 시범 실시한 학교들의 경험과 개발된 프로그램을 이용해 지자체별로 다양한 지원을 하고 있습니다. 그런데 지자체에 따라 '자유학기제' '자유학년제' '고교자유학년제' 등으로 실시되니 부모 입장에서는 혼란스럽기도 합니다. 자신이 어디에 사느냐에 따라 아이들의 교육 과정에 큰 변화가 있다면 원하지 않아도 이사하지 않는 한 따를 수밖에 없습니다. 교육 과정의 큰 틀은 교육부에서 바꾸더라도 지자체 재량에 따라 세부 시행이 다양해지니 교육 과정에 대한 정확한 이해

---

10 표 2-3 자유학기제 지원센터 참조.

표 2-3 자유학기제 지원센터

자유학기제 지원센터	지원 내용	지원 활동
한국직업 능력 개발원	자유학기제 관련 연구 및 협력 사업에 관한 사항, 진로 체험 인프라 구축 및 운영, 진로 및 직업에 관한 프로그램과 정보를 생성하고 보급	① 자유학기제 기반 구축을 위한 월간지《꿈이음(dream-ium.career.go.kr)》발행 ② 웹진《꿈트리(dreamtree.or.k)》운영 ③ 해외 유망 직업을 소개하는《미래의 직업 세계-해외 직업 편》발간 ④ 자유학기제 도입으로 인한 고등학교 계열 선택에 도움을 주기 위해 학생과 교사, 학부모를 위한《고등학교 및 관련 학과 정보서》발간 ⑤ 자유학기제 운영 시 단위 학교가 선택하여 활용 가능한 운영 모형별 진로 교육을 할 수 있도록 진로 탐색 프로그램 개발 및 연수 지원
한국 교육 개발원	자유학기제 운영 기반 조성, 자유학기제 운영을 위한 매뉴얼, 학생 선택 프로그램, 운영 학교 사례 연구보고서의 도입과 함께 자유학기제의 성공적 정착과 확산 지원	① 자유학기제 운영 종합 매뉴얼을 비롯해 41종(61권)의 자료집 발간 ② 연구 학교와 신규 지정되는 희망 학교 지원 사업 ③ 신규 운영 학교 지원을 위한 컨설팅 및 교원 연수, 희망 학교 학교장 연수와 함께 자유학기제 포럼, 운영만족도 조사, 연구 학교 사례 연구, 교과군별 수업 및 평가사례집 발간, 협업 기관 및 연구 학교 방문, 자유학기제 성과 보고회
한국과학 창의재단	창의적 체험 활동 및 교육 기부 등 자유학기제 체험 활동 인프라에 대한 교육적 활용을 제고하고 자유학기제의 안정적 정착 지원을 위한 프로그램(수업, 체험) 개발, 교원 연수, 진로 체험 운영 등 자유학기제 맞춤형 콘텐츠 제공	① 진로·역량 기반 학생 선택 프로그램 개발 ② 체험·실습 중심의 교원 맞춤형 집합 연수 과정 개발·운영 ③ 자유학기제 연구, 희망 학교를 위한 진로 탐색·체험 프로그램 제공 및 운영 지원 ④ 자유학기제를 위한 교수 학습 방법, 창제 프로그램, 진로 탐색·체험 프로그램, 우수 사례 등을 포함하는 콘텐츠 제공 포털 운영 ⑤ '행복 교육 기부 박람회' 운영

가 어려운 학생, 학부모, 교사에게는 큰 걱정거리가 되기도 합니다. 결국 잘 모르면 이 중요한 과정에 제대로 대처할 수 없는 만큼 서울시와 강원도, 경기도에서 실시되는 자유학기제를 중심으로 지자체별 특징을 살펴보도록 하겠습니다.

2016 '서울형 자유학기제'는 시험 부담에서 벗어나 꿈과 끼를 찾을 수 있도록 토론과 실습 등 학생참여형으로 수업하고, 진로 탐색 활동 등 다양한 체험 활동이 가능하도록 중1 교육 과정을 교장 재량권에 따라 유연하게 운영하고 있습니다. 자신의 적성과 미래에 대해 탐색하고 설계하는 경험을 통해 스스로 꿈과 끼를 찾고 지속적인 자기 성찰 및 발전의 계기를 마련하여 창의성, 인성, 자기 주도적 학습 능력 등이 가능한 교육으로 전환한다는 것입니다. 특히 주목할 점은 2016년에 입학 가능한 '고교 자유학년제 학교 오딧세이'를 통해 중학교에서 자신의 진로를 결정한 학생이 고등학교에서 진로맞춤형 교육을 받을 수 있는 기회가 생겼다는 것입니다.

서울형 자유학기제[11]는 초등 과정과 중등, 고등 과정을 거치는 동안 진로를 인식하고 관심 직업을 탐색, 집중, 연계하면서 진로맞춤형 교육 과정을 통해 자신의 미래를 준비하는 구체적인 계획을 보여주고 있습니다. 서울형 자유학기제가 성공리에 운영되려면 학생과 학부모가 이 과정을 체계적으로 알아야 합니다. 학부모가 교육 과정

---

11 그림 2-1 서울형 자유학기제 체계도 참조.

그림 2-1 **서울형 자유학기제 체계도**[12]

출처: 서울형자유학기제지원센터 홈페이지

의 변화에 대해 알아야 초등학교부터 수업 시간에 어떻게 배우고 활동할지 준비시킬 수 있기 때문입니다.

강원도는 2016년 전국에서 최초로 한 학기 동안 운영되는 자유학기제가 아니라 중1 한 해 동안 실시되는 '강원도형 자유학년제'를 운영했습니다. 강원도형 자유학년제의 운영 핵심은 교실 수업과 평가 방법을 개선하여 교사가 즐겁고 학생이 신나는 '살아 있는 수업' 만들기입니다. 프로젝트 학습, 융합 수업, 토론·토의 학습, 협동·집

---

12 〈서울형 자유학기제란?〉, 서울형자유학기제지원센터(www.sen.go.kr).

단 학습 등 창의적이고 다양한 교수·학습 방법을 활용해 학생의 참여를 높이고 배움의 즐거움을 느끼는 수업의 변화를 꾀하고 있습니다. 학교에서는 학생들이 기획하고 연구하며 체험하는 일련의 활동을 교과 수업과 연계하여 진행합니다. 그 과정에서 학생들은 배움의 즐거움과 자기주도성을 키우고 진로를 고민하는 시간을 갖게 됩니다.

태백 함태중학교의 'Happy 함태를 위한 LED 플래카드 만들기' 융합 수업을 살펴보면, 도덕 시간에 행복한 학교를 위한 토론을 통해 플래카드 문구를 정하고, 미술 시간에 플래카드 디자인을 완성하며, 기술 시간에 LED 납땜 작업까지 마쳐 함태중학교만의 개성 있는 플래카드를 만들어 냈습니다. 예술과 기술 과목의 융합을 통해 딱딱하고 어렵게만 느끼던 수학의 원리와 과학 현상에 쉽게 다가간 학생들은 자연스럽게 다양한 진로와 적성을 생각해 보기 시작합니다.

또한 강원도형 자유학년제는 많은 예산과 시간을 들여 외부 정보를 얻기보다는 관련 전문가를 섭외하거나 부모의 직업, 학교 주변의 생계형 직업, 지역 산업 등 삶과 연계된 깊이 있는 체험으로 삶에 대한 성찰을 돕는다는 방침입니다. 횡성중학교에서는 소의 역사적 역할과 그 변화 과정을 알아본 후 '횡성한우의 브랜드 가치를 향상하기 위한 방안'에 대한 토론 경연을 펼쳤습니다. 소의 각 부위별 영양소와 요리를 배우고 음식과 관광지를 영어로 소개하는 등의 융합 수업 이후 한우 생축 사업장과 한우 농가로 체험 활동을 나가기도 했습니다. 당연히 학생들은 스스로 더 많은 질문을 던지고, 더 많은 생각을 했으며 새로운 꿈을 꾸기 시작했습니다.

강원도에서는 학생들이 하고 싶어 하는 배움 활동을 위해 함께 고민하고 논의하며 다양한 시도를 해 보는 교사가 늘어났으며 교육 과정과 학교 운영을 지원하는 학부모의 참여 역시 대폭 늘어나고 있습니다.[13]

경기도는 2017년 중1 자유학년제를 실시하고 있습니다. '경기도형 자유학년제'는 중1 한 해 동안 '자유학기'와 '연계자유학기'를 시행합니다. 1학기에는 오전 교과 수업 후 자유학기 활동을 진행하고 2학기에는 교과와 자유학기 활동을 연계해 시간표를 운영하는 방식입니다.[14] 경기도는 초등학교의 학생 활동 중심 수업과 성장 과정 중심의 수행 평가 경험을 중학교 자유학기와 연계, 확대할 수 있다고 봅니다. 2017년 1학년 1학기(자유학기), 1학년 2학기(연계자유학기)는 필수로 진행하고 2학년과 3학년은 연계자유학년제를 선택할 수 있습니다. 초등학교 시절의 관심 분야를 탐색하고, 중학교 자유학년제를 통해 수업 시간과 자유학기 활동을 체험하면서 고등학교 진학을 결정하는 데 도움이 되는 교육 체계를 생각하는 것입니다.

경기도형 자유학년제의 가장 큰 특징은 단위 학교마다 재량권을

---

13 〈수업을 바꾸니 학생들이 달라져요! 강원도형 자유학년제〉, 강원도 교육청, 2016년 6월 27일.
14 표 2-4 경기도형 자유학년제 수업 내용 참조(73쪽).

주어 중1 한 해 동안 자유학기와 연계자유학기 배치를 원하는 순서대로 결정할 수 있다는 것입니다. '연계자유학기 활동'은 학생 참여 활동형 수업으로 진행됩니다. 그러나 자유학기 활동을 경험하기 전인 1학기에 교과 관련 연계자유학기를 운영하는 것은 무리가 있어 보입니다. 교과와 연계된 활동 내용이 아이들의 관심사나 실력과 맞으면 다행이지만 그렇지 못할 경우에 쌓이는 피로도를 어떻게 해결할지 우려됩니다.[15]

이 시기에 뮤지컬 감독이 되고 싶은 아이는 대본을 쓰고 무대 배경을 그리고 음악을 선정하고 안무도 짜야 합니다. 보통 그런 일은 뮤지컬 스태프가 나누고 감독은 전체를 구성하는 역할을 하는데, 뮤지컬 감독이 갖춰야 할 실력이 준비되지 않은 아이에게 뮤지컬에 필요한 요소들만 알려 주는 수준의 수업은 별 도움이 되지 않을 것 같습니다. 그리고 뮤지컬 한 편을 만드는 동안 그 분야에 관심 없는 아이들도 참여하게 되는데 그 아이들이 느끼는 소외감은 어떻게 개선할 것인가도 검토해 봐야 합니다.

모든 아이가 자신의 진로를 찾아가는 방법을 경험한다는 취지에서는 도움이 되지만 실제 수업의 한계를 해결하기 위한 대안이 필요합니다. 결국 대안은 아이가 원하는 일을 하기 위해 필요한 것을 수업 시간에 배우면 그것을 토대로 집에 와서 자신만의 것을 찾아보고

---

15 표 2-5, 표 2-6 경기도형 자유학년제 연계자유학기 수업 사례(74~75쪽) 참조.

준비하도록 지도하는 부모의 역할입니다. 아이가 하고 싶은 일에 대해 같이 얘기를 나누고 구체적인 활동을 위해 필요한 시간과 돈, 정보 등을 제공해야 합니다.

표2-4 경기도형 자유학년제 수업 내용

		경기도형 자유학년제 수업 내용			
1학기 자유 학기제	오전 교과 수업	국어, 영어, 수학, 사회, 과학, 기술 · 가정, 체육, 도덕 등			
	오후 자유학기 활동	진로 탐색 활동	주제 선택 활동	예술 · 체육 활동	동아리 활동
		①수업과 연계한 진로 교육 ②2회 이상 전일제 진로 체험 활동 ③진로 캠프, 사회 인사 특강 프로그램 ④자기 주도 진로 체험	①교과 내용과 관련된 주제 선택 활동을 필히 운영 ②학교 상황에 따라 여러 교과 간의 프로젝트형 융합 수업으로 연계가능 ③핵심 성취 기준을 중심으로 교육 과정 재구성 확대	①예체능 교육 내실화 ②학생의 희망을 고려한 예체능 프로그램 편성 ③예체능과 교육 간 융합 프로그램 운영	①희망에 따른 다양한 동아리 개설 ②학교 간 동아리 연계 활동 ③청소년 단체 활동
2학기 연계 자유 학기제	오전 교과 수업	국어, 영어, 수학, 사회, 과학, 기술 · 가정, 체육, 도덕 등			
	오후 연계 자유학기 활동	①교과 시수를 활용하여 해당 교과 연계 주제 선택 활동을 운영한다(단, 이때 시수는 해당 교과 수업 시수로 인정함). ②교과 간, 교과 내 융합 수업, 교과 통합 프로젝트 수업, 진로 연계 교과 수업 등을 활성화한다. ③교과 수업은 물론 자유학기 연계 활동은 학생 참여 활동형 수업으로 운영한다. ④학교 내 전문적 학습 공동체, 교과협의회 등을 통해 교과별로 토론, 실험 · 실습, 협력 학습 등 학생 참여형 수업을 확대한다. ⑤수업 혁신을 위한 교내 연수를 확대하고 전문적 학습 공동체와 교사 동아리 등을 활성화하여 수업 공개와 피드백의 기회를 확대한다.			

표 2-5 경기도형 자유학년제 연계자유학기 수업 사례[16]

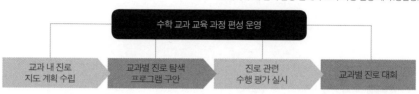

교과와 주제 선택 활동 연계의 교육 과정 운영 예시(중산중)

수학 교과 교육 과정 편성 운영

교과 내 진로 지도 계획 수립 → 교과별 진로 탐색 프로그램 구안 → 진로 관련 수행 평가 실시 → 교과별 진로 대회

대단원	핵심 성취 기준	소단원 학습 내용	교육 과정 재구성 중점 내용	교수 · 학습 방법 수업 방법	특색	평가 방법
IV. 확률	수94021. 경우의 수를 구할 수 있다. 확률의 의미와 그 기본 성질을 이해한다.	1. 경우의 수와 확률 01 경우의 수 02 확률	[진로 교육] 일기예보관, 보험계리사, 펀드매니저	PBL 수업 토의	자기 주도 학습 능력, 민주 시민 의식	의사소통 중점 논의, 서술형 평가
	수94022.		확률을 통한 보험 상품 개발하기 로또 1등 당첨 확률 알아보기			
	수94022. 확률의 의미와 그 기본 성질을 이해한다.	2. 확률의 계산 01 확률의 성질 02 확률의 계산				
	수94023. 확률의 계산을 할 수 있다.					

진로 개발 역량	정확하고 신뢰성 있는 진로 정보 탐색 · 해석 · 활용, 진로 계획의 수립 · 관리 · 실천
단원	IV. 확률 2-3 확률의 계산
학습 주제	확률 계산을 할 수 있다.
교과 통합 학습 목표	간단한 확률 계산을 이용하여 보험 상품 개발의 원리를 이해하고 보험계리사가 하는 일을 설명할 수 있다.

---

16 〈2017 경기 자유학년제 추진 계획〉, 경기도 교육청.

표 2-6 경기도형 자유학년제 연계자유학기 수업 사례

학년별 통합 주제 중심 교육 과정 재구성, 교과 연계 주제 선택 활동 운영 예시(부천중)

학년	성장 단계	학년별 통합 주제
1학년	나와 우리	'우리'의 꿈과 끼를 보아 주세요! (창작 꿈 · 끼 뮤지컬) – 자유학기 예술 · 체육 활동 연계
2학년	지역 사회	우리 마을 부천시를 소개합니다! (지역 사회 신문 만들기) – 마을 교육 공동체 연계
3학년	세계	나는 '글로벌 리더'입니다! (세계 문화 홍보 UCC 제작하기) – 세계 민주 시민 교육 연계

주제	'우리'의 꿈과 끼를 보아 주세요! (창작 꿈 · 끼 뮤지컬)

교과	교육 과정 재구성 및 평가 내용	평가 방법
국어	뮤지컬 시나리오 대본 쓰기	• 창작 뮤지컬 만들기 및 공연 • 과정 평가 • 교과 통합 수행 평가
미술	뮤지컬 배경을 위한 걸개그림 (합동 작품) 그리기	
음악	뮤지컬 음악을 삽입하여 시나리오 대본 각색하기	
체육	뮤지컬 안무 구성하기	

03
문·이과통합교육과정에 대한 이해

　'2015년 개정안 문·이과통합교육과정'은 현재 초등학교 6학년이 중학생이 되는 2018년부터 시작됩니다. 미래 사회가 요구하는 인재는 인문·사회·과학기술에 대한 기초 소양을 쌓아서 인문학의 상상력과 과학기술의 창조력을 갖춘 창의 융합 인재로 성장해 나가도록 교육 과정을 바꾸자는 취지 아래 추진되었습니다. 2018년 문·이과통합교육은 2017년 교육을 시작한 초등학교 3~4학년을 포함한 중1과 고1부터 순차적으로 시행합니다. 그리고 2018년 고등학교에 입학하는 학생들을 대상으로 2021년도 문·이과통합교육 적용 수능시험을 실시합니다.[17]

---

17 표 2-7 문·이과통합교육과정 참조.

문·이과통합교육과정은 학생의 적성과 진로에 따른 선택 학습 강화와 학습의 질적 개선을 통해 자기 주도적 학습 능력을 기르는 동시에 교육 내용과 평가의 일관성을 강화하는 방향으로 진행될 것입니다. 이외에도 특성화고와 전문계고(마이스터고)의 교육을 직무 능력을 높이는 쪽으로 지원할 예정입니다.

표2-7 문·이과통합교육과정[18]

	문·이과통합교육과정	
중점 내용[19]	① 인문·사회·과학기술 기초 소양을 균형 있게 함양하고 학생의 적성과 진로에 따른 선택 학습 강화 ② 교과의 핵심 개념을 중심으로 학습 내용을 구조화하고 학습량을 적정화하여 학습의 질 개선 ③ 교과 특성에 맞는 다양한 학생 참여형 수업을 활성화하여 자기 주도적 학습 능력을 기르고 학습의 즐거움 경험 ④ 학습 과정을 중시하는 평가를 강화하여 학생이 자신의 학습을 성찰하고, 평가 결과를 활용하여 교수·학습의 질 개선 ⑤ 교과의 교육 목표, 교육 내용, 교수·학습 및 평가의 일관성 강화 ⑥ 특성화 고등학교와 산업 수요 맞춤형 고등학교에서는 국가직무능력표준을 활용하여 산업 사회가 필요로 하는 기초 역량과 직무 능력 함양	
적용 시기[20]	2017년	초등 1~2학년
	2018년	초등 3~4학년, 중등 1학년, 고등 1학년
	2019년	초등 5~6학년, 중등 2~3학년, 고등 2학년
	2020년	중등 3학년, 고등 3학년
	2021년	문·이과통합교육 적용 수능시험

---

18 교육부 고시 제2015-80호, 2015년 12월 5일.
19 교육부 고시 제 2015호, 2015년 9월.
20 교육부 고시 제2015-80호, 2015년 12월 5일.

초등학교와 중학교, 고등학교에 진학하는 동안 문·이과통합교육 과정에서 배워야 하는 내용은 표2-8 '문·이과통합교육과정 학제 간 체계도'처럼 학습과 생활에서 문제를 발견하고 지식 융합 능력을 발휘하여 창의적으로 해결하는 능력을 키우는 한편 다양한 문화를 이해하고 공감하여 새로운 문화를 창출하는 자질과 태도를 기르는 데 필요한 것으로 볼 수 있습니다.

표 2-8 문·이과통합교육과정 학제 간 체계도[21]

초등학교	중학교	고등학교
학습과 생활에서 문제 발견 → 해결하는 기초 능력 기르기 → 새롭게 경험할 수 있는 상상력 키우기	학습과 생활에 필요한 기본 능력 및 문제해결력을 바탕으로 도전 정신과 창의적 사고력 기르기 → 자신을 둘러싼 세계에서 경험한 내용을 토대로 대한민국과 세계의 다양한 문화를 이해하고 공감하는 태도 기르기	다양한 분야의 지식과 경험을 융합하여 창의적으로 문제를 해결하고 새로운 상황에 능동적으로 대처하는 능력 기르기 → 인문·사회·과학기술 소양과 다양한 문화에 대한 이해를 바탕으로 새로운 문화 창출에 기여하는 자질과 태도 기르기

---

21 교육부 고시 제2015-80호, 2015년 12월 5일.

078 문과형 아이 이과형 아이

초등학교 교육 과정

초등학교 교육 과정은 '교과 학습'과 '창의적 체험 활동'으로 구성되어 있습니다. 교과 학습은 1~2학년은 국어, 수학, 바른 생활, 슬기로운 생활, 즐거운 생활이고 3학년부터는 국어, 사회/도덕, 수학, 과학/실과, 체육, 예술(음악/미술), 영어입니다. 창의적 체험 활동은 1~2학년은 체험 활동 중심의 '안전한 생활'을 배우고 3학년부터는 자율 활동, 동아리 활동, 봉사 활동, 진로 활동 수업을 합니다.

초등학교 수업은 국어 과목의 비중이 큰 것으로 나타났습니다.[22] 초등학교 국어 수업은 학년 구분 없이 400시간 이상 진행되고 있습니다. 국어 수업을 통해 '말하기' '듣기' '읽기' '쓰기'의 기본 의사소통 교육을 원활하게 하기 위해서입니다. 중학교 '자유학기제' 수업은 토론, 실험·실습, 프로젝트 학습 등 전 과정에 학생이 주도해서 참여하는 방식으로 진행되고 평가는 지속적인 관찰 평가, 형성 평가, 자기 성찰 평가, 포트폴리오 평가, 수행 평가 등을 통해 이루어지기 때문에 초등학교에서 배우는 의사소통 교육은 가장 중요한 기본기입니다.

아이가 글쓰기나 읽고 말하기 등을 싫어하는 성향이라면 앞으로 배울 과정에 대해 잘 설명해서 아이가 자신의 약점을 보완해 나가도록 꾸준히 관리해야 합니다. 수학과 사회(도덕) 수업은 3학년부터 6

---

22 표 2-9 초등학교 수업 시간 수(81쪽) 참조.

학년까지 수업 시간의 변화가 없지만 과학(실과)과 영어 수업은 5학년부터 급격하게 늘어납니다. 초등학생 부모라면 해당 학년에서 배우는 교과의 비중을 확인하는 것이 필요합니다. 아이가 5학년이 되었을 때 과학(실과)과 영어 수업에 어려움을 겪지 않도록 미리 설명해야 하며 3학년부터는 과목별로 개념을 익히고 잘 적용하는지 점검해 봐야 합니다. 초등학교 교육을 제대로 이행해 두지 않으면 이미 기본기를 갖췄다는 전제로 진행되는 중등 교육 과정을 따라가기 벅찰 것입니다. 아이가 관심을 가지는 영역이나 수업에서 잘 이해하지 못하는 분야가 생기면 앞에서 소개한 EBS, 미래엔, 한국과학창의재단, 꿀맛닷컴(www.kkulmat.com) 같은 인터넷 교육 홈페이지를 통해 보완하는 것이 좋습니다.

초등학교 때 평가는 학교마다 다릅니다. 단원 평가와 기말고사만 보는 학교가 있는가 하면 중간고사와 기말고사를 모두 보는 학교도 있습니다. 아이가 다니는 학교는 어떤 평가를 하는지 간단하게 확인해 보려면 가정통신문이나 공지 사항, 학급별 내용을 확인할 수 있는 '아이엠 스쿨' 같은 휴대전화 앱이나 학교 홈페이지 등을 이용하면 됩니다.

초등학교의 진로 활동은 직업의 종류와 활동에 대해 알아보고 호감이 가는 직업을 찾아보는 수준입니다. 이와 관련해 고용정보원과 고용노동부에서는 '초등학생 진로 인식 검사'를 실시하고 있습니다. 초등학생 진로 인식 검사는 '진로 인식 수준' '직업 의식 수준' '진로

표 2-9 초등학교 수업 시간 수

구분		1~2학년	3~4학년	5~6학년
교과(군)	국어	국어 448	408	408
	사회/도덕		272	272
	수학	수학 256	272	272
	과학/실과	바른 생활 128	204	340
	체육	슬기로운 생활 192	204	204
	예술(음악/미술)	즐거운 생활 384	272	272
	영어	안전 생활 68	136	204
교과(군) 총 수업 시간 수		1476	1,768	1,972
창의적 체험 활동		272	204	204
학년(군)별 총 수업 시간 수		1,748	1972	2,176

- 1시간 수업은 40분을 원칙으로 하되 기후 및 계절, 학생의 발달 정도, 학습 내용의 성격, 학교 실정 등을 고려하여 탄력적으로 편성, 운영할 수 있다.
- 학교군 및 교과(군) 시간 배당은 연간 34주를 기준으로 한 2년간의 기준 수업 시수를 나타낸 것이다.
- 학년군별 총 수업 시간 수는 최소 수업 시수를 나타낸 것이다.
- 실과 수업 시간은 5~6학년 과학/실과의 수업 시수에만 포함된 것이다.

태도'로 나누어 평가합니다. 진로 인식 수준은 '자기 탐색' '의사 결정 성향' '대인 관계' 영역으로 평가하고, 직업 의식 수준은 '직업 편견' '작업 가치관'으로 나누어 평가합니다. 진로 태도는 '진로 준비성'과 '주도성'으로 가늠해 봅니다. T 점수는 또래 친구들과 비교한 수준을 보여 줌으로써 우리 아이가 진로에 적극적인지 예측해 볼 수 있습니다.

초등학생과 진로나 직업에 대해 얘기한다면 어디서부터 말을 꺼

내야 할지 고민되기도 합니다. 아이 성향에 따라 자신의 생각을 분명하게 밝히기도 하지만 대부분의 아이는 자신이 좋아하는 것을 정확하게 표현하지 못하기 때문입니다. 관련 도서[23]를 찾아 정보를 얻거나 아이가 관심을 보이는 일에 대해 그 이유를 묻고 인터넷으로 함께 정보를 찾아보는 등의 경험을 하다 보면 아이 스스로 좀 더 구체적인 얘기를 하게 됩니다.

체험관을 찾아가 직접 체험해 볼 수도 있습니다. '한국잡월드'는 직업의 변화상과 다양한 직업인의 모습을 보여 주는 '직업세계관', 다양한 직업을 직접 체험해 보는 '어린이체험관'과 '청소년체험관' 그리고 자신의 적성과 흥미를 직접 체크해 보는 '진로설계관'으로 이뤄져 있습니다. 직업체험관인 '키자니아'에서는 일하는 법을 배우고 체험한 뒤 그 대가로 '키조'라는 키자니아의 화폐를 받습니다. 이것을 갖고 키자니아 내부의 은행에서 계좌를 개설하면 현금카드를 받는데 현금인출기를 사용해 직접 키조를 인출할 수도 있습니다. 이를 통해 아이들은 경제 흐름을 익히고 일하는 보람을 느낍니다. 하지만 이런 체험관들은 유료이고 아이들끼리 가기 힘든 곳에 있어서 기회를 얻기 어렵습니다. 이런 체험관을 이용하기 어렵다면 '표 2-3 자유학기제 지원센터(67쪽)'의 인터넷 홈페이지에서 관련 정보를 얻는 방법도 있습니다.

---

23 삼성의료원 사회정신건강연구소, 《열려라 멋진 세상 펼쳐라 미래 지도, 초등 부모 진로 지도 길라잡이(개정판)》, 교육과학사, 2015년 4월 20일.

이런 과정들을 거치고 나서도 아이가 뭔가 정하지 못한다면 신중한 성격 때문이니 아이 스스로 확신을 가질 때까지 좀 더 기다려야 합니다. 상담 경험상 부모의 눈에는 아무 생각 없어 보이겠지만 실제로는 생각이 깊어 결정을 못 하는 것입니다. 초등학교 때는 아이가 스스로 결정하도록 돕는다고 하지만 자칫 부모의 의지에 끌려가기 쉬운 만큼 아무리 마음이 급해도 아이의 적극적인 동기 부여를 생각해 기다려 주는 것이 필요합니다.

중학교 교육 과정

중학교 교육 과정도 초등학교와 마찬가지로 '교과 학습'과 '창의적 체험 활동'으로 구성되어 있습니다. 교과 학습은 국어, 사회(역사 포함)/도덕, 수학, 과학/기술 가정/정보, 체육, 예술(음악/미술), 영어, 선택입니다. 선택 교과는 한문, 환경, 생활 외국어(독일어, 프랑스어, 스페인어, 중국어, 일본어, 러시아어, 아랍어, 베트남어), 보건, 진로와 직업 등입니다. 중학교 시기의 창의적 체험 활동은 자율 활동, 동아리 활동, 봉사 활동, 진로 활동입니다. 중학교부터는 교과 학습과 창의적 체험 활동에 관한 내용이 생활기록부에 기록되고, 이는 추후 진학할 때 중요한 자료가 되기 때문에 적극적으로 관리할 필요가 있습니다. 중학교 때 잘 관리하는 노하우를 익혀 두면 고등학교에서도 유용합니다.

중학교에 입학하면 '자유학기제' 혹은 '자유학년제'를 경험합니다. 앞에서 소개한 자유학기제 시간표를 통해 수업에서 생기는 궁금증을 해결하고 생활에서 생기는 문제를 창의적으로 해결하는 경험이 시작되는 겁니다. 이런 창의적 활동을 통해 자기 주도적으로 진로를 탐색하고 경험하면서 고등학교와 대학 진학을 위해 노력해야 하는 동기를 갖게 됩니다. 중학교는 초등학교보다 수업 시간이 늘어나는데, 특히 두 배 이상 많아지는 과목은 사회(역사, 도덕)와 과학(기술, 가정, 정보)입니다. 이들 과목의 수업 시간이 늘어나는 이유는 고등학교 교육이 인문·사회적 소양과 과학 지식을 고루 원하는 창의 융합 활동을 지향하기 때문입니다. 초등학교 5학년 때부터 공부의 양이 늘어나는 사회와 과학 과목을 소홀히 하면 중학교 수업을 따라가기 힘들 수 있으니 이 점을 제대로 알려 주고 미리 준비하도록 도와줘야 합니다.

중1 자유학기제나 자유학년제는 토론과 실습을 통해 학생들이 참여하는 방식으로 수업을 진행하고 진로 탐색 등 다양한 체험 활동을 하도록 교육 과정을 유연하게 운영하는 제도입니다. 아이가 적극적으로 수업에 참여하지 못한다면 그 이유를 찾아 대안을 마련해야 합니다. 이와 관련된 대책은 '3장 일반고의 문·이과통합교육과정에서 고려할 점'에서 자세히 다룰 예정입니다.

표 2-10 중학교 수업 시간[24]

구분		1~3학년
교과(군)	국어	442
	사회/도덕	510
	수학	374
	과학/기술 · 가정/정보	680
	체육	272
	예술(음악/미술)	272
	영어	40
	선택	170
교과(군) 총 수업 시간 수		3,060
창의적 체험 활동		306
학년(군)별 총 수업 시간 수		3,366

- 1시간 수업은 45분을 원칙으로 하되 기후 및 계절, 학생의 발달 정도, 학습 내용의 성격, 학교 실정 등을 고려하여 탄력적으로 편성, 운영할 수 있다.
- 학교군 및 교과(군) 시간 배당은 연간 34주를 기준으로 한 3년간의 기준 수업 시수를 나타낸 것이다.
- 총 수업 시간 t는 3년간의 최소 수업 시수를 나타낸 것이다.
- 정보 과목은 34시간을 기준으로 편성, 운영한다.

중학교 교육은 진학과도 관련됩니다. 중학교 교육 과정을 거치는 동안 어떤 고등학교에 진학할 것인지, 혹은 어떤 분야를 더 알고 싶은지 결정해야 합니다. 앞에서 소개한 자유학기제 지원센터에서 제공하는 다양한 정보와 활동에 참가하며 아이가 진로를 찾아갈 수

---

24 표 2-10, 표 2-11(87쪽) 표 2-12(89쪽) 교육부 고시 제2015-80호, 2015년 12월 5일.

있도록 교사와 학부모의 적극적인 관심이 필요합니다. 아이가 결정한 진로에 따라 특성화 고등학교나 특수 목적 고등학교[25] 진학도 고려해 봐야 합니다.

고등학교 교육 과정

2018년에 시행되는 문·이과통합교육과정의 핵심은 고등학교 교육 과정입니다. 이 교육을 통해 미래 사회가 요구하는 인문·사회, 과학기술에 대한 기초 소양을 닦아서 인문학의 상상력과 과학기술의 창조력을 갖춘 창의 융합 인재를 키워 내는 것이 목적입니다. 초등과 중등 교육 과정은 수업 시간이 늘어나는 수준이지만 고등학교 교육 과정은 문과·이과 구분이 사라지는 큰 변화가 생깁니다.

고등학교 교육 과정은 초중등학교와 동일하게 '교과 수업'과 '창의적 체험 활동'으로 편성됩니다. 창의적 체험 활동은 자율 활동, 동아리 활동, 봉사 활동, 진로 활동으로 초중등 과정과 같지만 시간은 408시간으로 대폭 늘었습니다. 학생의 적성과 진로를 고려한 자율

---

25 특수목적고는 초중등교육법 시행령 제90조에 의거, 특수 분야의 전문적인 교육을 목적으로 하는 고등학교로 흔히 특목고라고 부릅니다. 영재고, 과학고등학교(과고), 외국어고등학교(외고), 국제고등학교(국제고), 예술 계열(예고), 체육 계열(체고), 산업 수요 맞춤형 마이스터 고등학교가 해당됩니다. 특성화고는 특정 분야의 전문가를 양성하는 과정을 배웁니다. 특성화고를 졸업하고 취업한 뒤 대학에 진학할 수 있는 재직자 특별 전형이 확대하고 있습니다. 기존의 마이스터고와 특성화고의 교육 과정에 비해 현장 실무 교육에 중점을 둔 산학일체형 도제 학교도 있습니다. 마이스터고와 특성화고, 도제 학교에 대한 정보는 하이파이브(www.hifive.go.kr)에 자세히 소개되어 있습니다.

표 2-11 일반고(자율화고)와 특수목적고(산업 수요 맞춤고 제외) 수업

교과 영역	교과(군)	공통 과목	선택 과목	
			일반 선택	진로 선택
기초	국어	국어	화법과 작문, 독서, 언어와 매체, 문학	실용국어, 심화국어, 고전 읽기
	수학	수학	수학 I, 수학 II, 미적분, 확률과 통계	실용수학, 기하, 경제수학, 수학 과제 탐구
	영어	영어	영어 회화, 영어 I, 영어 독해와 작문, 영어 II	실용영어, 영어권 문화, 진로영어, 영미 문학 읽기
	한국사	한국사		
탐구	사회 (역사/ 도덕 포함)	통합사회	한국지리, 세계지리, 세계사, 동아시아사, 경제, 정치와 법, 사회 · 문화, 생활과 윤리, 윤리와 사상	여행지리, 사회문제 탐구, 고전과 윤리
	과학	통합과학 (과학 탐구 실험)	물리학 I, 화학 I, 생명과학 I, 지구과학 I	물리학 II, 화학 II, 생명과학 II, 지구과학 II, 과학사, 생활과 과학, 융합과학
체육 · 예술	체육		체육, 운동과 건강	스포츠 생활, 체육 탐구
	예술		음악, 미술, 연극	음악 연주, 음악 감상과 비평 미술 창작, 미술 감상과 비평
생활 · 교양	기술 · 가정		기술 · 가정, 정보	농업생명과학, 공학 일반, 창의경영, 해양문화와 기술, 가정과학, 지식재산 일반
	제2 외국어		독일어 I, 일본어 I	독일어 II, 일본어 II
			프랑스어 I, 러시아어 I	프랑스어 II, 러시아어 II
			스페인어 I, 아랍어 I	스페인어 II, 아랍어 II
			중국어 I, 베트남어 I	중국어 II, 베트남어 II
	한문		한문 I	한문 II
	교양		철학, 논리학, 심리학, 교육학, 종교학, 진로와 직업, 보건, 환경, 실용 · 경제, 논술	

- 선택 과목의 기본 단위 수는 5단위다.
- 교양 교과목을 제외한 일반 선택 과목은 2단위 범위 내에서 증감하여 편성, 운영할 수 있다.
- 교양 교과목과 진로 선택 과목은 3단위 범위 내에서 증감하여 편성, 운영할 수 있다.
- 체육 교과는 매 학기 편성하도록 한다. 단, 특성화 고등학교와 산업 수요 맞춤형 고등학교의 경우, 현장 실습이 있는 학년은 탄력적으로 운영할 수 있다.

활동 시간도 95시간입니다. 진로 탐색을 위해 적극적으로 활동하는 시간이 확보된 셈입니다.

교과 수업은 고등학교의 성격상 다시 '보통 교과'와 '전문 교과'로 나뉩니다. 일반고와 특수목적고는 보통 교과를 배웁니다.[26] 보통 교과는 국어, 수학, 영어, 한국사, 사회(역사/도덕 포함), 과학, 체육, 예술, 기술·가정(제2외국어, 한문, 교양)입니다. 보통 교과는 다시 '공통' 과목과 '선택' 과목으로 구분합니다. 공통 과목은 국어, 수학, 영어, 한국사, 통합사회, 통합과학(과학 탐구 실험)이며 선택 과목은 '일반 선택' 과목과 '진로 선택' 과목이 있습니다. 이 중에서 진로 선택 과목이 대학 전공과 관련된 과목이라고 생각하면 됩니다. 그런데 진로 선택 과목을 보면 이전의 문과·이과 분리 방식과 무슨 차이가 있나 하는 생각이 들기도 합니다. 수학의 경우, 경상 계열을 선택할 학생들이 배워야 하는 경제수학은 그 성격이 이해되지만 실용수학은 이공 계열에 진학할 학생들이 선택해야 하는 것인지 의아합니다. 물론 대학에서 내신 산정 과목의 기준을 정해 주면 따라야 합니다.

인문 계열 전공자는 사회 탐구 관련 진로 선택 과목이 많이 취약합니다. 진로 선택 과목이 다양하지만 실제 수업에서는 교사 사정이나 원하는 학생이 많은 과목을 개설할 것이 자명하니 시행하면서 계속 보완해야 할 것입니다. 다시 말해 대학 인문 계열 지원자가 듣는

---

26 표 2-11 일반고(자율화고)와 특수목적고(산업 수요 맞춤고 제외) 수업(87쪽) 참조.

표 2-12 일반고의 문·이과통합교육과정 수업 과목

교과 영역		교과(군)	공통 과목(단위)	필수 이수 단위	학교 자율 과정
교과(군)	기초	국어	국어(8)	10	학생의 적성과 진로를 고려하여 편성
		영어	영어(8)	10	
		수학	수학(8)	10	
		한국사	한국사(6)	6	
	탐구	사회 (역사/도덕 포함)	통합사회(8)	10	
		과학	통합과학(8)	12	
			과학 탐구 실험(2)		
	체육	체육		10	
	예술	예술		10(5)	
	생활	기술·가정/제2외 국어/한문/교양		16(12)	
	교양				
소계				94(85)	86(95)
창의적 체험 활동				24(408시간)	
총 이수 단위				204	

- 1단위는 60분을 기준으로 17회를 이수하는 수업량이다.
- 1시간 수업은 60분을 원칙으로 하되 기후 및 제설, 학생의 발달 정도, 학습 내용의 성격, 학교 실정 등을 고려하여 탄력적으로 편성, 운영할 수 있다.
- 공통 과목은 2단위 범위 내에서 증감하여 편성, 운영할 수 있다. 단, 한국사는 6단위 이상 이수하되 2개 학기 이상 편성한다.
- 과학 탐구 실험은 이수 단위 증감 없이 편성, 운영하는 것을 원칙으로 하되 과학 계열, 예술 계열 고등학교의 경우 학교 실정에 따라 탄력적으로 운영할 수 있다.
- 필수 이수 단위의 단위 수는 해당 교과(군)의 최소 이수 단위를 의미하며, ( ) 안의 숫자는 특수목적고가 이수할 것을 권장한다.
- 창의적 체험 활동의 단위는 최소 이수 단위이며 ( ) 안의 숫자는 이수 단위를 이수 시간 수로 환산한 것이다.
- 총 이수 단위 수는 고등학교 3년간 이수해야 하는 최소 이수 단위를 의미한다.
- 기초 교과 영역 이수 단위 종합은 교과 총 이수 단위의 50퍼센트를 초과하지 않는다. 단, 자율형 사립고의 경우는 이 규정을 권장한다.

과목과 이공 계열 지원자가 듣는 과목은 고교에서 정해진 대로 선택할 것입니다.

문이과통합교육과정에서 학생들의 수업선택권은 '학교 자율 과정' 86시간에서 배정될 것입니다.[27] 학교별로 학생들의 요구에 따라 진로, 적성과 관련된 수업들이 다양하게 개설되고 신청 인원이 적더라도 원하는 수업을 들을 기회가 생깁니다.

전문 교과는 과학고(영재고) 혹은 외국어고(국제고)는 전문 교과 I, 국가직무능력표준에 따른 전문계고는 전문 교과 II 과정을 배웁니다.[28] 문·이과통합교육과정은 전문 교과 과정보다 일반 교과 과정의 변화가 큽니다. 문재인 정부는 2021년도 대학 입시에서 수능 절대평가제를 전 과목에 도입하겠다고 했습니다. 그리고 수시 전형 중 특별 전형과 일반 전형(논술 전형)에 미치는 사교육 영향이 크다고 보아 이 두 전형을 축소하는 방향으로 정책을 운용할 계획입니다.

정책이 이 방향대로 진행된다면 특수목적고 중 과학고(영재고)와 외고(국제고)의 진학에 미칠 영향이 클 것입니다. 명문대 입시 요람으로 인식돼 중학교 때부터 엄청난 규모의 사교육이 동반되는 특목고 열기가 주춤해질 것입니다. 대신 전국형 자사고나 자율형 자사고

---

27 표 2-12 일반고의 문·이과통합교육과정 수업 과목(89쪽) 참조.

28 전문 교과 I은 과학, 체육, 예술, 외국어, 국제 계열에 관한 과목으로, 전문 교과 II는 국가직무능력표준에 따라 경영·금융, 보건·복지, 디자인·문화 콘텐츠, 미용·관광·레저, 음식 조리, 건설, 기계, 재료, 화학 공업, 섬유·의류, 전기·전자, 정보·통신, 식품 가공, 인쇄·출판, 공예, 환경·안전, 농림·수산 해양, 선박 운항 등에 관한 과목으로 한다. 전문 교과 II의 과목은 전문 공통 과목, 기초 과목, 실무 과목으로 구분한다. - 교육부 고시 제2015-80호

는 큰 영향을 받지 않을 전망입니다.

이 교육 정책은 수시 전형 중 학생부 전형의 비중을 더욱 늘리겠다는 의지를 표명한 것이지 정시 인원이 늘어나는 건 아닙니다. 이 정책은 결국 중학교 3학년의 고교 선택에 큰 영향을 미칠 것입니다. 학생부 전형은 고교별 활동 내용에 큰 차이가 있습니다. 일반고도 학생들이 참여하는 진로 관련 프로그램을 잘 운영하는 곳이 많습니다. 이제는 고등학교를 선택할 때 특수목적고나 전문계고를 가지 않는다면 집 주변 고등학교의 홈페이지를 통해 그 학교에서 운영하는 교육 과정과 프로그램을 비교해 보고 신중히 결정해야 합니다. 물론 진학 실적이 좋은 학교일수록 이런 프로그램을 잘 갖췄다고 볼 수 있으므로 집에서 가까운 명문고부터 알아보는 것이 좋습니다. 단, 아무리 명문고가 좋다고 해도 교육 과정과 수업이 우리 아이가 따라갈 수 없는 수준이라면 심각하게 고려해야 합니다.

일반고 중 '과학 중점 학급'을 운영하는 학교나 자율형 자사고의 경우 이공계 교육 과정은 미리 준비하지 않으면 따라가지 못하는 경우가 많습니다. 학교 수업 분위기를 따지는 것도 중요하지만 아이의 실력을 보고 선택하는 것이 바람직합니다. 그래야 대학 진학에서 더 좋은 결과를 낼 수 있습니다. 2018년도 입시에서 절대평가제는 영어와 한국사 두 과목에 국한되어 있습니다. 대학별 입시 요강은 3년 전 고지가 의무입니다. 문재인 정부는 2017년에 2021년 문·이과통합 교육과정 적용 대학입시안을 발표할 예정입니다. 하지만 2021년도 대학별 입시안은 2019년이 되어야 그 윤곽이 나올 것으로 보입니다.

창의적 체험 활동

창의적 체험 활동은 초중고 교육 과정 내내 공통으로 운영됩니다. 현재 교육 과정에서는 교과 수업과 동일한 비중으로 진행되는 창의적 체험 활동을 잘 이해해야 아이를 지도할 때 도움이 됩니다. 창의적 체험 활동은 '자율 특색 활동' '동아리 활동' '봉사 활동' '진로 활동' 네 영역으로 구성되어 있습니다. 자율 특색 활동은 자치 적응 활동, 창의 주제 활동 등이 있고, 동아리 활동은 예술·체육 활동, 학술 문화 활동, 실습 노작 활동, 청소년 단체 활동 등이 있습니다. 봉사 활동은 이웃 돕기 활동, 환경 보호 활동, 캠페인 활동 등이고, 진로 활동은 자기 이해 활동, 진로 탐색 활동, 진로 계획 활동 등입니다.[29]

창의적 체험 활동 중 문·이과통합교육과정의 목표인 창의 융합 인재 교육과 직접 관련된 것은 진로 활동입니다. 초등학교에서는 진로 탐색을 하며 자신의 관심 분야를 찾아보고, 중학교에서는 자유학기제나 자유학년제 교육 과정을 통해 교과 관련 연계 수업을 하고 진로 활동을 통해 관심 진로에 대한 지식과 경험을 강화하며 자신의 목표에 적합한 고등학교를 선택합니다. 고등학교에 진학해서는 자

---

29 교육부, '2015 개정 창의적 체험 활동 교육 과정', 2015년.

표 2-13 창의적 체험 활동 영역별 활동 체계

영역	활동	학교급별 교육의 중점
자율 특색 활동	• 자치 · 적응 활동 • 창의 주제 활동 등	〈초등학교〉 ● 입학 초기 적응 활동, 사춘기 적응 활동 ● 민주적 의사 결정의 기본 원리 이해 및 실천 ● 즐거운 학습 lac 학교생활 〈중학교〉 ● 원만한 교우 관계 ● 자주적이고 합리적인 문제 해결 능력 함양 ● 폭넓은 분야의 주제 탐구 과정 경험 〈고등학교〉 ● 공동체의 주체적 구성원으로서 역할 수행 ● 집단 지성을 통한 공동의 문제 해결 ● 진로 · 진학과 관련된 전문 분야의 주제 탐구 수행
동아리 활동	• 예술 · 체육 활동 • 학술 문화 활동 • 실습 노작 활동 • 청소년 단체 활동 등	〈초등학교〉 다양한 경험을 통한 지적 호기심과 재능 발굴, 다양한 문화 체험 활동, 신체 감각 익히기와 직접 조작의 경험, 소속감과 연대감 배양 〈중고등학교〉 예술적 심미안과 건전한 신체 발달, 교과 연계 및 진로 · 진학과 관련된 체험 활동으로 탐구력과 문제해결력 신장, 다양한 문화 이해 및 탐구의 기회 제공, 개인과 사회가 공존하는 철학적 토대 공유, 사회지도자의 소양 함양
봉사 활동	• 이웃 돕기 활동 • 환경 보호 활동 • 캠페인 활동 등	〈초등학교〉 봉사 활동의 의의와 가치의 중요성에 대한 이해 및 실천 〈중고등학교〉 더불어 사는 삶의 가치 실현, 학생의 취미, 특기를 활용하여 타인, 학교, 지역 사회 및 환경에 대해 봉사 실천
진로 활동	• 자기 이해 활동 • 진로 탐색 활동 • 진로 계획 활동 등	〈초등학교〉 긍정적 자아 개념 형성, 일의 중요성 이해, 진로 탐색과 계획 및 준비를 위한 기초 소양 함양 〈중학교〉 긍정적 자아 개념 강화, 직업 세계와 교육 기회 탐색 〈고등학교〉 자신의 꿈과 비전을 진로 · 진학과 연결, 건강한 직업 의식 확립

신의 꿈과 비전을 확립하고 진로와 관련된 활동을 경험하며 실생활의 문제를 창의적으로 해결해 나가는 창의 융합 인재가 되기 위해 노력합니다. 막연하고 거창해 보이지만 핵심은 자기가 하고 싶은 일을 스스로 찾아내고 적극적으로 경험해 보자는 것입니다. 이 경험을 통해 자신에게 필요한 것을 알아내면 동기가 부여되어 더 적극적으로 관련 공부와 경험을 한다는 전제가 있습니다.

창의적 체험 활동은 교실 수업보다 더 적극적인 편이지만 모든 학생이 이 활동에서 도움을 얻는 것은 아닙니다. 가령 이 활동에 소극적인 아이가 있다면 신속히 그 이유를 알아보고 문제를 해결해 줘야 이 활동의 수혜자가 될 수 있습니다. 따라서 아이가 이런 활동에 잘 참여하는지 관찰하는 것이 중요합니다. '3장 일반고의 문·이과통합교육과정에서 고려할 점'에서 그 해결책을 다루어 보겠습니다.

정보 교육

2015년에 개정한 문·이과통합교육과정에서 가장 중요한 키워드는 '정보 교육 강화'입니다. 21세기 지식·정보 사회의 모든 인재는 정보와 정보 처리 기술을 올바르게 활용할 뿐 아니라 새로운 지식과 정보, 기술을 창의적으로 생성하고 이를 통해 문제를 해결하는 능력을 갖춰야 한다고 봅니다. 다시 말해 정보 교육은 '정보 문화 소양'과 '컴퓨팅 사고력' 강화에 초점을 두고 있습니다.

표 2-14 2015년에 개정한 교육 과정 중 정보 교육

2009 교육 과정

영역	비중
정보과학과 정보 윤리	21%
정보의 표현과 관리	24%
문제 해결 방법과 절차	28%
정보 기기의 구성과 등장	27%

2015 개정 교육 과정

영역	핵심 개념	비중
정보 문화	정보 사회, 정보 윤리	21%
자료와 정보	자료와 정보의 표현, 분석	24%
문제 해결과 프로그래밍	추상화, 알고리즘, 프로그래밍	28%
컴퓨팅 시스템	컴퓨팅 시스템의 동작 원리, 피지컬 컴퓨팅	27%

소프트웨어 교육을 강화한다는 것은 소프트웨어 개발을 위한 컴퓨터 과학의 기본 개념과 원리를 이해하고, 컴퓨팅 프로젝트 수행을 위한 코딩 기술을 습득하는 한편, 실생활의 문제 해결이나 새로운 컴퓨팅 프로젝트 개발을 위해 창의적인 아이디어를 실제 프로그램이나 소프트웨어, 피지컬 컴퓨팅 장치 등으로 구현하는 과정을 포함합니다. 중학교 정보 과목은 선택 교과에서 필수 교과로 바꾸고 고등학교 정보 과목은 심화 선택에서 일반 선택으로 전환하여 문제 해결과 프로그래밍 영역을 확대, 피지컬 컴퓨팅을 신설했습니다.[30]

초등학교 5~6학년 실과에서 이수한 소프트웨어 기초 교육을 바탕으로 중학교 정보 교육이 진행되고, 고등학교 정보 수업은 일반고

---

30 씨마스 교과서, 《2015 교육 과정, 어떻게 달라졌을까요?(1) (2) (3)》, blog.naver.com/cmasstext/ 220965101098, 2017년 3월 23일.

그림 2-2 학교급별 특성 및 연계성

초등학교 실과
5~6학년

중학교 정보
필수 교과

고등학교 정보
일반 선택

고등학교
정보과학
과학계열 전문
교과 1

(자율고)와 특목고의 경우 일반 선택 과목으로 배정되며 과학 계열 전문 교과 1 과목인 정보과학 선수 과목으로 연계 교육됩니다.

중학교 정보 수업은 필수 과목으로 과학/기술, 가정/정보 교과군에 포함되며 34시간 수업을 합니다. 고등학교의 정보 수업은 일반고(자율고)와 특목고 과학 계열 교과군의 일반 선택 과목으로 5단위(85시간)가 배정되어 있으나 필수 과목은 아니어서 학교마다 수업 시간이 다르게 편성됩니다.

중학교의 정보 문화 영역에서는 정보 사회의 특성과 진로, 개인 정보와 저작권 보호, 사이버 윤리를 배웁니다. 수업은 개별 혹은 모둠별로 진행되며 '저작권 보호 UCC 제작'같이 자기 주도적으로 참여하는 활동을 통해 교육 내용을 이해하는 체험형 교육 방법입니다.[31]

---

31 표 2-15 정보 문화 영역 내용 체계, 표 2-16 중학교의 정보 문화 영역 교수 학습 및 평가 방법 참조.

표 2-15 정보 문화 영역 내용 체계

영역	핵심 개념	일반화된 지식	내용 요소		기능
			중학교	고등학교	
정보 문화	정보 사회	정보 사회는 정보의 생산과 활용이 중심이 되는 사회이며, 정보와 관련된 새로운 직업이 등장하고 있다.	• 정보 사회의 특성과 진로	• 정보과학과 진로	• 탐색하기 • 분석하기(중) • 평가하기(고) • 실천하기 • 계획하기
	정보 윤리	정보 윤리는 정보 사회에서 구성원이 지켜야 하는 올바른 가치관과 행동 양식이다.	• 개인 정보와 저작권 보호 • 사이버 윤리	• 정보 보호와 보안 • 저작권 활용 • 사이버 윤리	

표 2-16 중학교의 정보 문화 영역 교수 학습 및 평가 방법

학습 설계	수업 및 평가	학습 기록
성취 기준 분석 및 제시	**수업**	**피드백**
[9정01-02] 정보 사회의 구성원으로서 개인 정보와 저작권 보호의 중요성을 인식하고 개인 정보 보호, 저작권 보호 방법을 실천한다.	저작권 보호 UCC 스토리보드 작성 저작권 보호 UCC 제작 저작권 보호 UCC 발표 저작물 이용 허락 표시 적용 저작권 보호 UCC 공유	저작권 보호 UCC 제작과 공유 과정에 대한 피드백을 통해 저작물 이용과 공유의 올바른 방법 확인 모둠 활동에 대한 피드백을 통해 협력적 문제 해결 태도 함양
교수 학습 방법 및 평가 계획	**평가**	**기록**
저작권 보호 UCC를 제작하여 공유하는 과정을 통해 저작권 보호 방법 실천하기	발표 평가, 과정 평가, 정의적 평가(저작권 보호 태도) 개별 평가, 모둠 평가	수행 평가 반영 학교생활기록부 교과별 세부 능력 특기 사항 기록
		저작권 보호를 주제로 하는 동영상을 제작하는 과정에서 스토리보드와 자막 작성의 역할을 맡아 책임을 다하고 동료와 협력하여 문제를 해결했으며 저작물을 사용하고 공유하는 올바른 방법을 이해하고 실천함

표 2-17 자료와 정보 영역 내용 체계

영역	핵심 개념	일반화된 지식	내용 요소		기능
			중학교	고등학교	
자료와 정보	자료와 정보의 표현	숫자, 문자, 그림, 소리 등 아날로그 자료는 디지털로 변환되어 컴퓨터 내부에서 처리된다.	• 자료 유형과 디지털 표현	• 효율적인 디지털 표현	• 분석하기 • 표현하기(중) • 선택하기(고) • 수집하기 • 관리하기 • 협력하기(고)
	자료와 정보의 분석	문제 해결에 필요한 자료와 정보의 수집과 분석은 검색, 분류, 처리, 구조화 등의 방법으로 이루어진다.	• 자료 수집 • 정보 구조화	• 자료 분석 • 정보 관리	

표 2-18 중학교의 자료와 정보 영역 교수 학습 및 평가 방법

학습 설계	수업 및 평가	학습 기록
성취 기준 분석 및 제시	**수업**	**피드백**
[9정02-03] 실생활의 정보를 표, 다이어그램 등 다양한 형태로 구조화하여 표현한다.	나의 하루 생활 분석 구조화 방법 선택 구조화 다양한 구조화 방법 비교 토의	구조화 과정에 대한 피드백을 통해 효과적인 구조화 방법을 확인하고 다양한 구조화 형태에 대해 사고를 확장한다.
교수 학습 방법 및 평가 계획	**평가**	**기록**
나의 하루 생활을 표와 다이어그램 형태로 구조화하기	토의 평가, 구조화 과정 평가 개별 평가	수행 평가 반영 학교생활기록부 교과별 세부 능력 특기 사항 기록
		나의 하루 생활을 표와 다이어그램 형태로 구조화하는 과정에서 핵심 요소를 분석하고 효과적인 형태로 구조화하여 이해하기 쉽게 표현한다.

중학교의 자료와 정보 영역에서는 컴퓨터 과학의 기본 개념과 원리를 습득하고 숫자, 그림, 문자, 소리 등의 아날로그 자료가 디지털 자료로 변환되어 컴퓨터 내부에서 처리되는 과정을 배웁니다. 또한 현실의 다양한 문제를 검색하고 자료를 수집, 분석하여 활용하기 좋은 형태로 변환 및 관리하는 방법을 익혀 나갑니다.[32] 2015년 개정 안에서는 소프트웨어 교육이 강화되었습니다. 중학교에서는 현실에서 일어나는 문제를 해결하기 위한 소프트웨어 프로그래밍 과정을 경험해 봅니다. 이를테면 '여행 계획 수립하여 계획서 작성하기'처럼 계획 수립을 위해 필요한 것을 생각하고 한 가지씩 해법을 제시하여 계획을 짜 나가는 문제 해결 과정을 정리하며 프로그래밍 준비 단계들을 배우는 방식입니다.[33]

중학교의 컴퓨터 시스템 교육은 컴퓨팅 기기의 구성과 동작 원리, 센서 기반 프로그램을 익히면서 과학, 인문학, 예술 등 다양한 학문 분야의 문제를 창의적으로 해결하는 방법을 배웁니다.[34] 이 교육에 대해서는 '소프트웨어 중심 교육'에서 자세히 다루어 보겠습니다.

---

[32] 표 2-17 자료와 정보 영역 내용 체계, 표 2-18 중학교의 자료와 정보 영역 교수 학습 및 평가 방법 참조.

[33] 표 2-19 문제 해결과 프로그래밍 영역 내용 체계(100쪽), 표 2-20 중학교의 문제 해결과 프로그래밍 영역 교수 학습 및 평가 방법(100쪽) 참조.

[34] 표 2-21 컴퓨터 시스템 영역 내용 체계(101쪽), 표 2-22 중학교의 컴퓨터 시스템 영역 교수 학습 및 평가 방법(101쪽) 참조.

표 2-19 문제 해결과 프로그래밍 영역 내용 체계

영역	핵심 개념	일반화된 지식	내용 요소		기능
			중학교	고등학교	
문제 해결과 프로그래밍	프로그래밍	프로그래밍은 문제의 해결책을 프로그래밍 언어로 구현하여 자동화하는 과정이다.	● 입력과 출력 ● 변수와 연산 ● 제어 구조 ● 프로그래밍 응용	● 프로그램 개발 환경 ● 변수와 자료형 ● 연산자 ● 표준 입·출력과 파일 입·출력 ● 중첩 제어 구조 ● 배열 ● 함수 ● 프로그래밍 응용	● 비교하기 ● 분석하기 ● 핵심 요소 추출하기 ● 분해하기(고) ● 설계하기(고) ● 표현하기 ● 프로그래밍 하기 ● 구현하기 ● 협력하기

표 2-20 중학교의 문제 해결과 프로그래밍 영역 교수 학습 및 평가 방법

학습 설계	수업 평가	학습 기록
〈성취 기준 분석 및 제시〉 현실에서 일어난 문제와 목표를 이해하고 목표에 도달하기 위해 수행해야 하는 작업을 분석한다.	〈수업〉 ● 여행 계획 문제 상황 이해 ● 문제 분석 ● 자료 수집 ● 자료 분석 ● 여행계획서 작성	〈피드백〉 ● 여행계획서에 대한 피드백을 통해 문제 분석의 중요성 확인 ● 모둠 활동에 대한 피드백을 통해 협력적으로 문제를 해결하는 태도 함양
〈교수 학습 방법 및 평가 계획〉 여행 계획을 수립하고 계획서 작성하기	〈평가〉 ● 포트폴리오 평가, 과정 평가 ● 개별 평가, 모둠 평가	〈기록〉 ● 학교생활기록부의 교과별 세부 능력 특기 사항 기록 ● 여행 계획을 수립하는 현실 문제를 해결하기 위해 필요한 요소를 분류한 뒤 자료를 수집하고 분석하는 과정을 협력적으로 수행하여 주어진 조건에 적합한 여행계획서 작성

표 2-21 컴퓨터 시스템 영역 내용 체계

영역	핵심 개념	일반화된 지식	내용 요소		기능
			중학교	고등학교	
컴퓨팅 시스템	컴퓨팅 시스템의 동작 원리	다양한 하드웨어와 소프트웨어가 유기적으로 결합된 컴퓨팅 시스템은 외부에서 자료를 입력 받아 효율적으로 처리하여 출력한다.	• 컴퓨팅 기기의 구성과 동작 원리	• 운영 체제 역할 • 네트워크 환경 설정	• 분석하기(중) • 활용하기(고) • 관리하기(고) • 설계하기 • 프로그래밍하기 • 구현하기 • 협력하기`
	피지컬 컴퓨팅	마이크로컨트롤러와 다양한 입력·출력 장치로 피지컬 컴퓨팅 시스템을 구성하고 프로그래밍을 통해 제어한다.	• 센서 기반 프로그램 구현	• 피지컬 컴퓨팅 구현	

표 2-22 중학교의 컴퓨터 시스템 영역 교수 학습 및 평가 방법

학습 설계	수업 및 평가	학습 기록
성취 기준 분석 및 제시	**수업**	**피드백**
[9정05-02] 센서를 이용한 자료 처리 및 동작 제어 프로그램을 구현한다.	• 이온 전해질 실험 계획 수립 • 센서를 활용한 하드웨어 구성 • 실험 제어 알고리즘 설계 • 프로그래밍 • 실험 실시	• 하드웨어 구성과 프로그램에 대한 피드백을 통해 하드웨어 요소의 관계 이해 및 논리적인 제어 구조의 중요성 확인 • 모둠활동에 대한 피드백을 통해 협력적 문제 해결 태도 함양
교수 학습 방법 및 평가 계획	**평가**	**기록**
이온 전해질 실험을 위한 하드웨어와 소프트웨어 구성하기	• 문제 분석 평가, 하드웨어 구성 평가 • 개별 평가, 모둠 평가	• 학교생활기록부 교과별 세부 능력 특기 사항 기록 이온 전해질 실험을 실시하기 위해 센서를 활용한 피지컬 컴퓨팅 장치를 창의적으로 설계하고 이를 논리적으로 제어하는 프로그램을 작성한다.

04
소프트웨어 중심 교육

　교육부는 2014년 '초중등 소프트웨어(SW) 교육 활성화 방안'[35]에서 글로벌 사회의 국가 경쟁력 강화를 위해 창조경제를 선도할 창의융합 인재 육성, 모든 학생에게 능력과 적성에 맞는 소프트웨어 학습 기회 제공, 산업체 수요와 고등 교육을 고려한 초중등 소프트웨어 교육 활성화를 제안합니다. 학생들의 수업 참여를 높이고 다양한 콘텐츠를 접하며 학생이 적극적으로 창의적 체험 활동에 참여하는 기회를 확대하기 위해 시작된 정책입니다.

　미래창조부(소프트웨어중심사회, www.software.kr)는 인터넷 홈페이

---

[35] 교육부, '초중등 소프트웨어(SW) 교육 활성화 방안', 2014년 7월 23일.

그림 2-3 **학교급별 소프트웨어 교육 모형**

	초등학교	중학교	고등학교
교육 목표	• SW 소양 교육 • SW Tool을 활용한 코딩 이해	• SW 소양 교육 • 프로그램 제작 능력 함양	• 창의적 산출물 제작 및 대학 진로 연계 학습
교과 내용	• 놀이 중심 활동 • SW Tool 활용	• 문제 해결 프로젝트 학습 • 논리적 문제해결력 학습	• 프로그램 제작 심화 • 프로그래밍 언어 학습
창의적 체험 활동	• 논리적 사고 체험 활동(SW 코딩 활동)	• 컴퓨터 프로그램 제작	• 컴퓨터 시스템 융합 활동

지를 통해 다양한 소프트웨어 교육 정보를 제공하고 있습니다. 2014년 4개 권역 대학 부설 '정보보호영재교육원'[36]을 신설하여 소프트웨어 영재('화이트 해커') 교육을 하고, '사이버 영재 교육 프로그램'을 개발하여 각 시도별 영재 교육 기관에 지원합니다. 2017년 현재 대덕SW마이스터고와 대구소프트웨어고, 광주SW마이스터고에서 실무형 소프트웨어 관련 교육이 진행되고 있습니다.[37]

소프트웨어 중심 교육의 취지는 모든 학생에게 능력과 적성에 맞

---

36 정보보호영재교육원 부설 4개 대학은 서울여대, 공주대, 대구대, 목포대입니다.

37 대덕SW마이스터고 www.dsm.hs.kr, 대구소프트웨어고 www.dgsw.hs.kr, 광주SW마이스터고 gsm.hs.kr.

는 소프트웨어 학습 기회를 제공하겠다는 것입니다. 하지만 학생별 수준별 교육은 아직 정착되지 않은 터라 학교급별 교육 수준으로 진행되는 상황을 알아보겠습니다. 학교급별 소프트웨어 교육은 교과 수업과 창의적 체험 활동에서 모두 이용합니다. 초등학생은 창의적 체험 활동 시간에 소프트웨어 코딩을 배우고 중학생은 컴퓨터 프로그램을 제작합니다. 고등학교에서는 대학 진로와 연관된 학습을 하거나 창의적인 제작물을 만들게 됩니다.[38]

교과 수업에서 어떻게 소프트웨어 교육이 진행되는지는 초등학교와 중학교 교육 연계과정표를 보면 쉽게 이해할 수 있습니다. 미래창조과학부와 한국과학창의재단은 교과 수업을 돕기 위해 초중등 소프트웨어 교육 학생용 교재와 교사용 교재를 제공했습니다. 초등학교 '우리는 우주비행사'(2-1) 단원에서는 '화면에서 프로그래밍하기'를 배웁니다. 이 단원이 주요 연계된 교과는 국어, 수학, 과학, 미술, 실과 영역이고 지리와 역사도 다루게 됩니다. 이 단원에서 통합 교과를 배우는 셈입니다. 이 많은 연계 과목은 학생들의 화면 프로그래밍 활동을 통해 그 내용이 전달됩니다.[39]

---

38 그림 2-3 학교급별 소프트웨어 교육 모형(103쪽) 참조.
39 표 2-23 초등 소프트웨어 교육 연계 과정 예시, 표 2-24 중등 소프트웨어 교육 예시(106쪽) 참조.

표 2-23 초등 소프트웨어(SW) 교육 연계 과정 예시[40]

단원	연계 과목									
	국어	수학	과학	체육	미술	실과	지리	역사	음악	사회/도덕
2.1 **우리는 우주비행사** 화면에서 프로그래밍하기	●●●	●●●		●	●●●	●●●	●	●		
2.2 **우리는 게임 테스터** 컴퓨터 게임이 어떻게 작동하는지 탐구하기	●●●	●●	●●●		●●	●●			●	●
2.3 **우리는 사진작가** 더 나은 사진 찍기	●	●●●	●●	●	●●●	●	●●	●●	●	
2.4 **우리는 연구원** 주제 연구하기	●●●	●	●	●	●		●	●●●		●
2.5 **우리는 탐정** 단서 모으기	●●●		●●		●			●●	●	●●
2.6 **우리는 동물학자** 곤충에 관한 자료 수집	●●	●●●	●●●	●	●●		●●●	●		●

● 해당 교과 과정과 관련 있음

●● 해당 교과 과정과 밀접한 관련 있음

●●● 본 교재의 기획 과정에 포함된 교과 과정과 관련 있음

---

40 마일스 베리 지음, 《초등 소프트웨어(SW) 교육, 컴퓨팅 기초 다지기 2단계》, 미래창조과학부, 한국과학
창의재단.

표 2-24 중등 소프트웨어(SW) 교육 예시[41]

---

41 제임스 아벨라 외 9명, 《중등 소프트웨어(SW) 교육, 컴퓨팅 사고력 키우기 1》, 미래창조과학부, 한국과학창의재단.

05

창의 융합 인재

교육부는 2016년 1월 '산업 연계 교육 활성화 선도 대학 사업'을 확정 발표했습니다. 대학의 구조 조정을 지원하는 사업입니다.[42] 이 사업의 목적은 사회 변화와 산업 수요에 맞는 인력 공급을 위해 대학의 학과 구조를 개편하는 것입니다. 정부가 제시한 인력 수급 수요에 따라 인문·사회 계열과 예체능 계열 학과의 정원을 줄이고 이공 계열 학과의 정원을 늘려서 2020년까지 공대 정원 2만 명을 확대한다는 계획입니다. 기획재정부와 교육부의 2014년부터 2024년

---

[42] 정식 명칭은 산업 연계 교육 활성화 선도 대학 사업이며, 줄여서 프라임 사업이라고 합니다. 프라임(PRIME)은 Program for Industrial needs-Matched Education의 약자입니다. 교육부에서 주관하는 사업으로 2016년부터 2018년까지 시행됩니다.

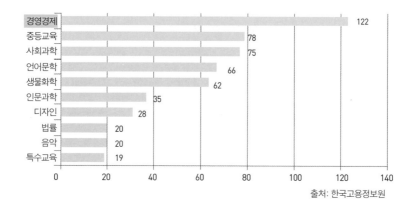

그림 2-4 2014~2024년 대학 전공별 초과 공급 상위 10개 전공

출처: 한국고용정보원

대학 전공별 인력 수급 전망을 보면 인문·사회 계열 전공자는 32만 명 초과 공급되는 반면 공학과 의학 계열은 22만 명 부족하다고 발표했습니다. 전공별로는 경영경제, 중등교육, 사회과학, 언어문학 등의 인문 계열과 자연과학 계열의 생물화학 분야 전공자가 많아 일자리 경쟁이 치열할 것으로 나타났습니다.[43]

이에 비해 기계금속, 전기전자 전공의 수요는 많아 취직하기가 쉬워질 전망입니다. 그러나 두드러지게 수요가 많은 2개 전공을 제외하고는 이공 계열 취직률이 그리 높을 것 같지 않습니다. 취업이 가장 잘되는 학과는 '전화기(전자전기공학, 생물·화학공학, 기계공학)'라고 불리며 입시 경쟁도 치열합니다. 최근 IT 분야에서 소프트웨어 개발

---

43 그림 2-4 2014~2024년 대학 전공별 초과 공급 상위 10개 전공 참조.

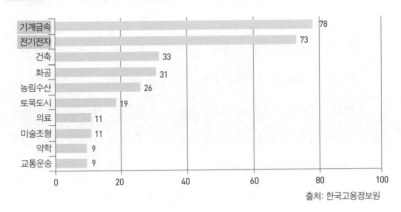

출처: 한국고용정보원

그림 2-5 2014~2024년 대학 전공별 초과 수요 상위 10개 전공

에 대한 수요가 급증하여 소프트웨어 개발 관련 학과의 취업률도 높은 편입니다. 국가에서는 유망 미래 산업으로 BT(바이오공학), 3D 프린터, 신소재 NT(나노 기술), RT(인공지능 로봇 기술), ST(항공우주공학) 등을 지정하여 지원하고 있습니다.[44] 대학 수업이나 학과별 연구소에서는 최근 지원이 집중되는 미래 기술 분야와 관련된 연구를 많이 합니다. 학교마다 차이는 있지만 화학과는 나노 분야나 바이오 분야 등과 연계된 연구를 진행합니다. 학과 이름만 보고 어떤 내용을 배울 거라는 선입견을 갖지 말아야 합니다. 대학 학과를 정할 때 무엇을 배우는지 커리큘럼을 확인해 보는 신중함이 필요합니다.

대학 학과 중 산업 현장에서 요구되는 전공자의 인원을 늘려 청년

---

44 그림 2-5 2014~2024년 대학 전공별 초과 수요 상위 10개 전공 참조.

취업률을 높이려는 정부의 노력은 사라질 위기에 처한 학과의 저항으로 어려움을 겪고 있습니다. 하지만 대학 구조 조정과 맞물려 추진되는 이 정책은 어쩔 수 없이 계속될 것입니다. 대학을 졸업하고도 취업하지 못하는 청년 실업 문제는 심각합니다.

실제로 고등학교에서도 이과 전공을 선택하는 학생이 늘고 있습니다. 필자도 상담하다 보면 문과·이과 선택에서 큰 어려움을 겪게 됩니다. 아이의 적성보다 취업을 기준으로 이과를 권하는 부모들 때문입니다. 심지어 과학에 관심 없는 아이에게 이과를 권하기도 하는데 결국 진로 결정에도 큰 혼란을 주고 맙니다. 아이가 관심 있는 분야를 공부하고 싶어도 졸업 후 취업이 어려운 전공이면 부모의 반대가 심한 편입니다. 고등학교에서도 '문송합니다' 분위기가 있어 문과를 선택하면 루저로 몰아붙이는 상황이 발생하곤 합니다.

곰곰이 생각하면 이과를 선택한다 하더라도 공대 특정 학과가 아니면 취업이 어렵기는 마찬가지입니다. 학원가에서는 이공계 전공자의 수요가 급격하게 늘어날 전망이라 아이의 '적성'보다 미래 사회에 '적응'하는 것이 더 중요하다고 강조합니다. 그러나 요즘 아이들은 재미가 없으면 공부를 하지 않습니다. 대학 진학 후에도 전공이 안 맞아서 학교를 가지 않는 경우가 종종 있습니다. 부모님한테 기술을 배우겠다고 하며 등교를 거부하는 일도 있습니다. 하고 싶은 일을 하고 살아가기를 바라며 아이의 커 가는 모습을 지켜보던 부모의 심정은 먹먹하기만 합니다.

하지만 본인이 마음을 다잡지 않으면 방법이 없습니다. 결국 남자는 군대 갔다 오면 세상을 보는 깊이가 달라진다고 군 입대를 합니다. 많은 경우 제대 후 복귀를 선언하지만 모두가 그런 것은 아닙니다. 전공이 마음에 들지 않아도 졸업하던 시대는 부모님 때가 마지막입니다. 요즘 젊은이들은 원하는 것을 스스로 선택하는 경험을 집에서도 학교에서도 하면서 자랐습니다. 기회를 줘도 선택은 자신의 몫인 만큼 스스로 결정하는 일만 한다는 것을 기억해야 합니다.

교육부는 2018년에 고1부터 시행되는 문·이과통합교육과정과 창의 융합 인재 교육에 중점을 두어 인문·사회적 소양을 가진 과학 기술자와 실생활의 문제 해결을 위해 학문을 넘나드는 지식을 가지고 활용하는 창의 융합 인재를 키우는 야심찬 계획을 가지고 있습니다. 초등학교 때부터 진로를 생각하고 경험해 보는 계기를 마련하면 중고등학교 과정을 거치면서 한층 늘어난 지식을 이용해 하고 싶은 일을 해내는 시대가 곧 시작될 것입니다. 이런 교육 과정을 이해하지 못하고 막연하게 취직이 잘될 것 같아 이공 계열을 선택하거나 인문 계열은 취직이 안 된다며 아이의 선택을 막으면 안 됩니다. 교육 과정에서 통합이 이루어졌더라도 중심 전공은 정해야 합니다. 아이가 어느 분야에 관심이 있는지 관찰도 하고 얘기도 나누고 같이 활동하면서 다양한 경험을 통해 진로를 찾을 수 있도록 도와주어야 합니다.

제3장

일반고의 문 · 이과
통합교육과정에서 고려할 점

INTRO

　2장에서 2015년 개정안이 실시되는 2018년에 도입할 문·이과 통합교육과정과 소프트웨어 중심 교육, 이미 운영 중인 자유학기제 등을 소개했습니다. 이번 장에서는 전공을 선택하면서 준비해야 할 내용과 선택 후에 겪는 문제를 해결해 나가는 방법에 대해 얘기해 보겠습니다. 문·이과통합교육과정이 진행되는 동안 인문학, 자연 과학 수업 중 중심을 두는 전공을 정하고 필요한 과목들을 추가해서 듣는 게 쉬울 듯 보이지만 실제로는 어려운 일입니다. 우선 아이가 자신의 적성을 모르고 부모도 마찬가지입니다. 교육 과정에서 적성 보다 적응에 초점을 맞추는 결정을 할 경우 또 얼마나 많은 아이가 가지 않은 길에 미련을 가질까 걱정됩니다.

초등학교의 '진로 인식 검사'나 중학교의 자유학기제를 통해 전문 지식과 관심 직업에 관한 수업을 자기 주도적으로 계획하는 기회가 있다고 하지만 어떤 과목들을 들어야 자신의 로드맵을 만드는지 알기에는 경험이 부족한 상황입니다. 예전에는 학원에서 선행 학습을 하거나 각종 경시 대회 준비를 하면서 실력이 부쩍 좋아지면 그 분야에 자질이 있다고 판단했습니다.

2018년 중1부터 시험을 없앤다고 합니다. 이미 자유학기제나 자유학년제 기간의 수업 평가가 서술형 혹은 활동 평가 형식이었기 때문에 큰 혼란은 없을 것입니다. 중학교 때의 탐색과 경험으로 자기 주도 수업에 익숙하다면 고등학교 진학 후 '고교학점제' '교과선택제' 등을 통해 관심 분야를 공부하는 프로그램을 계획할 수 있습니다. 고등학교 교육이 획기적으로 변할 것입니다.

그러나 자신이 뭘 배워야 하는지 모르고 자신이 뭘 모르는지 모른다면 과목 선택을 도와주는 멘토가 필요합니다. 아이에게 멘토가 되어 줄 사람들은 관심 분야의 전문가와 학교 교사 그리고 선배와 부모입니다. 안타깝게도 청소년기에는 부모보다 또래 집단의 영향이 크고 교사와 전문가의 조언이 더 효과적이기는 하지만 아이와의 원활한 의사소통을 고려하여 부모도 멘토로서 도움이 될 수 있는 부분을 제안해 보겠습니다.

01

일반고의 교과학점제,
학교 간 협력 교육 과정

(거점학교, 연합형 교육 과정)

문재인 정부는 대선 공약에서 초중등 교육 행정 기능을 교육청으로 이관해 교육부 역할을 대폭 축소하고 국가교육회의를 설치한다는 방침을 밝혔습니다. 학계와 교육 단체들도 나서서 비슷한 제안을 하고 있습니다. 따라서 교육 정책은 지자체 각 교육청에서 계획하고 추진하는 방향으로 진행될 것입니다. 정부는 교육의 큰 틀을 제시하고 실제로 진행되는 학습 계획은 각 지자체 상황에 맞게 교육청에서 정한다는 방침인 터, 교육감 선택이 우리 아이들의 수업에 큰 영향을 미치는 상황이 되었습니다. 부모는 입시 정보뿐만 아니라 우리 지역 교육감의 공약도 신경 쓰며 선택해야 합니다.

고등학교에서 실시할 고교학점제는 대학 수업처럼 학생이 원하는 과목을 직접 선택해서 듣는 제도로 미국, 영국 등 선진국에서 시행 중입니다. 선진국은 수월성 교육에 초점을 맞추고 수준별 수업 지도에서 어려운 문제를 해결하는 방법으로 시작한 것입니다. 한국은 '수월성 교육'과 '자기 주도적 교육' 두 가지에 초점을 맞추어 계획을 세우고 있습니다.

고교학점제의 추진 방향과 단계를 좀 더 알아보겠습니다. 고교학점제는 크게 4단계 과정을 거쳐 추진됩니다. 2018년부터 2015 개정 교육 과정이 시행되는데 이 시기에 맞춰 학생 참여 수업과 학생의 과목 선택권이 확대됩니다. 이를 위해 현재 고교에서 실시 중인 '교과교실제(각 과목에 해당하는 특화된 교실에서 수업을 진행하는 방식)'를 활용합니다. 교사 수급 문제 때문에 한 학교가 가르치기 어려운 과목이 있다면 주변의 여러 학교가 함께 개설, 운영하는 공동 교육 과정도 추진할 예정입니다.

2단계는 과목별 이수 기준 마련입니다. 대학처럼 일정한 성적 이상을 받아야만 해당 과목을 이수했다고 인정하겠다는 것입니다. 현재 고교 교육 과정은 성적에 관계없이 출석 일수만 채우면 되는데, 교육부는 2018년 고교에서 실시되는 성취평가제를 바탕으로 이수 기준을 설정할 계획이라고 합니다. 성취 평가는 순위나 백분위가 아닌 학생 개인의 성취도에 따라 점수를 부여하는 절대평가 방식을 뜻합니다.

3단계는 온라인 수업, 즉 '고교 K무크'의 활성화입니다. K무크란

표 3-1 고교학점제 추진 절차[1]

구분	내용
1단계	2018년 학생의 과목선택권 강화 한 학교가 개설하기 힘든 과목은 인접 학교와 공동 개설
2단계	개별 과목의 이수 기준(절대평가 기준) 마련
3단계	고교 K무크 도입
4단계	무학년제 도입

우수 대학 강의를 일반인이 무료로 듣는 인터넷 동영상 강의 시스템입니다. 고등학교에서 대학처럼 다양한 과목을 개설하는 것은 한계가 있다고 보고 부족한 부분은 온라인 수강을 검토하고 있습니다.

마지막으로 무학년제까지 도입하면 고교학점제가 완성됩니다. 무학년제는 학년 구분 없이 모든 과목을 선택할 수 있고, 이수 학점만 채우면 졸업 자격을 얻는 제도인데, 지금은 학년별로 이수해야 하는 필수 과목과 선택 과목으로 나뉘어 있습니다.

고교 학점제는 이미 시행 중인 수준별 수업을 위해 시작한 '교과교실제', 2018년 실시되는 문·이과통합교육과정 중 일반고의 '일반선택' '진로 선택'과 함께 추진 가능한 만큼 과목별 이수 기준만 결정되면 바로 시행할 수 있습니다. 현재 한 학교에서 운용되는 과목 수보다 두 배 이상 늘어나는 과목들은 인접 학교와 공동 개설할 계

---

1 〈대학처럼 학생이 과목 선택해 배운다. 교육 공약 1호 고교학점제 내년 스타트〉,《중앙일보》, 2017년 5월 17일.

표 3-2 학교 간 협력 교육 과정

지역	대상	홈페이지	내용
서울시 교육청	일반고, 자율형 공립고	sen.go.kr/collacampus	CollaCam(collaboration campus) ① 협력 과정 거점학교 ② 연합형 교육 과정 운영 학교
경기도 교육청	전체고	cafe.daum.net/goecluster	교육 과정 클러스터
대구시 교육청	일반고, 자율형 공립고	estudy.edunavi.kr	협력 교육 과정
부산시 교육청	일반고, 자율형 공립고	www.pen.go.kr	플러스 교육 과정 계절제 학기
세종시 교육청	일반고, 자율형 공립고	www.sje.go.kr	고교 캠퍼스형 공동 교육 과정 거점학교, 계절제 학기
광주시 교육청	일반고, 자율형 공립고	www.gen.go.kr	학교 간 협력 교육 과정 거점학교
울산시 교육청	일반고	www.use.go.kr	거점형 공동 교육 과정

표 3-3 서울시 교육청 2017년 협력 교육 과정 지정 학교(47개교, 53과정)

	동부	서부	남부	북부	중부	강동 송파	강서 양천	강남 서초	동작 관악	성동 광진	성북 강북
음악		숭실고		영신여고			영덕고	압구정고 풍문고			
미술	청량고	선정고	영신고			상일 여고			인현고	자양고	계성고 창문여고
체육	신현고 송곡고	신도고		영광고		배명고		서울고	영등포고	성수고	고대부고
과학		안창고		창동고	경신고	문정고	덕원여고	양재고	수도여고		영훈고
수학	원묵고	예일여고								동대부 여고	
사회		인창고								자양고	
제2 외국어	혜성여고				서울 국제고		영일고	경기여고		건대부고	
예술		경인고					영덕고			동대부 여고	
직업			서서울 생과고 독산고 금천고	동산 정보 산업고	리라 아트고	서울 컨벤 션고			압구정고		

획인데, 이 또한 '학교 간 협력 교육 과정' 프로그램인 '협력 교육 과정 거점학교'와 '연합형 교육 과정 운영 학교' 프로그램을 이용한다면 큰 부담이 없습니다. 학교 간 협력 교육 과정은 단위 학교에서 개설하기 어려운 교과목을 학교와 학교가 서로 협력하여 교육 과정을 공유하는 형태입니다. 소수 학생이 선택한 과목, 전공 교사가 없어 개설하지 못하는 과목 등을 개설, 운영함으로써 학생들의 과목선택권을 확대하고 개개인의 진로 맞춤형 교육 과정 설계를 지원합니다.

학교 간 협력 교육 과정을 운영하는 자치단체는 서울시 교육청, 경기도 교육청, 대구시 교육청, 울산시 교육청, 광주시 교육청 외에 2017년 2학기 이후 부산시 교육청 등에서 실시할 예정이며 2018년이면 전국에서 실시할 것으로 보입니다. 현재 진행 중인 학교 간 협력 과정은 선발을 통해서 심화 수업을 듣는 프로그램입니다. 고교학점제의 3단계인 고교 K무크도 인터넷 강의에 익숙한 학생에게는 도움이 될 수 있으나 수업 참여, 수업의 질과 관련된 부분은 계속 보완해야 합니다.

세종시 교육청의 거점학교와 연합형 교육 과정을 살펴보면 심화 수업은 거점학교에서 진행하고, 대학이나 지역 전문 기관의 지원을 받는 연합형 교육 과정을 통해 진로 전공 강좌를 배울 수 있다는 것을 알 수 있습니다.[2]

---

2 표 3-4, 표 3-5(122쪽), 표 3-6(123~125쪽) 참조.

표 3-4 **세종시 교육청 2017년 거점학교 수업계획서**

학교명	권역	거점 과목 수	권역별 과목 수	희망 과목명
세종고	1	4	7	정보과학(정상수 교사, 2단위) 화학 실험(김동우 · 고준 교사, 2단위) 고급물리(라종태 · 김민지 교사, 2단위) 프랑스어 1(최주민 교사, 2단위)
세종여고	1	3		금융일반(박준병 교사, 3단위) 지구과학 실험(문종철 교사, 2단위) 상업경제(이명종 교사, 2단위)
아름고	2	3	9	고급수학 1(조진희 교사, 3단위) 고급생명과학(윤양 · 김은지 교사, 2단위) 고급화학(주지웅 교사, 3단위)
중촌고	2	1		과제 연구(사회)(고재순 교사, 2단위)
고운고	2	3		한국의 사회와 문화(장민희 외 3인 교사, 2단위) 체육 전공 실기(안상태 교사, 2단위) 인류의 미래 사회(민형기 교사 외 2인, 2단위)
두루고	2	2		물리 실험(박정규 · 이철훈 교사, 2단위) 화학 실험(오인환 · 구금주 교사, 2단위)
도담고	3	2	5	심화영어 독해와 자군 1(정은혜 교사, 2단위) 체육 전공 실기(김준도 · 송인화 교사, 3단위)
양지고	3	2		고급수학 1(권기웅 교사, 2단위) 과학사 및 과학철학(이복희 교사, 2단위)
성남고	3	1		미술 전공 실기(이현구 · 배선규 교사, 3단위)
한솔고	4	2	4	체육 전공 실기(송원호 · 이윤섭 교사, 2단위) 체육과 진로 탐구(박주현 교사, 2단위)
보람고	4	2		
새롬고	4	0		
소담고	4	0		
합계		25		

표 3-5 세종시 교육청 2017년 거점학교 금융일반 수업계획서

code 105　　　　　2017학년도 거점학교 운영계획서 요약(3단위 51시간)

대상 학년	고 1, 2, 3	금융일반 [1권역 / 세종여고]

1학기	토요일	오전(09:00-13:00)	수업 시수	3단위 51시간
운영 시간	수업 일정	총13회 (12회 4시간 + 1회 3시간) 51시간		
		5/13, 5/20, 6/3, 6/17, 7/15, 7/22, 7/29, 8/5, 8/12		
		여름 방학 중 평일 3회 추가 수업 예정임		

강좌명	금융일반		지도교사	박준병	
대상 학년	고 1, 2, 3	수준	중상	교재명	금융일반 (삼양미디어)

학습 목표

1. 금융 시장 전반을 이해하여 설명할 수 있다.
2. 금융 시장의 기초 지식을 토대로 증권의 가치 분석 방법을 설명할 수 있다.

학습 내용 / 구성 / 운영 / 계획

1. 고교 금융일반 교과서를 이해하여 금융의 기초 지식을 습득한다.
2. 교과서의 기초 지식을 응용하여 증권의 가치 분석 방법을 이해한다.
3. 가치 분석 방법을 실제 증권 시장에 적용하여 유망 종목을 발굴하고 모의 투자 시 수익률을 검증한다.

	학습 내용	수업 방법	비고
1차 시	금융의 이해를 위한 기초 지식	강의식	
2차 시	금융의 이해를 위한 기초 지식	강의식	
3차 시	금융 시장과 금융 정책	강의식	
4차 시	소득과 소비 관리	강의식	
5차 시	투자 관리	강의식	
6차 시	펀드 투자	강의식	
7차 시	가치 분석 방법	강의식	
8차 시	증권 분석(기본 분석)	강의식	
9차 시	증권 분석(기본 분석)	강의식	
10차 시	증권 분석(기본 분석) 사례 적용	협동 학습	
11차 시	증권 분석 방법(기술 분석)	강의식	
12차 시	채권 분석	강의식	
13차 시	총정리	강의식	

표 3-6 세종시 교육청 2017년 캠퍼스형 공동 교육 과정 수업계획서

캠퍼스형 공동 교육 과정 2 수업계획서 [104개 진로 전공 강좌]

(공동 교육 과정 2) 교수, 석박사 과정, 교사, 연구원, 특정 재능 보유자 등을 지도교사로 모시고 다양한 진로 전공 영역을 프로젝트형 자기 주도 학습으로 거점학교에서 배우는 과정입니다.

(공동 교육 과정 2) 2017 1학기 학생 맞춤형 진로 전공 연구 방과 후 공동 교육 과정 개설 등록 강좌

코드	전공	강좌명	대상 학년	강의 시간	강사명	소속
201	경제경영, IT 융합	기업과 사회를 위한 데이터 과학, 머신러닝 실습	전학년	수, 18시	김민준	서울대 계산과학 전공
202	경제경영	책 속의 경제학과 현실 속의 경제학을 통한 생각 넓히기	전학년	토, 09시	이상현	한국법제연구원
203	경제경영	경제학의 이해	전학년	토, 09시	이원혁	한국산업기술평가연구원
204	경제경영(금융)	선물과 옵션을 이용한 금융공학의 원리와 활용	전학년	토, 09시	이태원	고려대 교수
205	경제경영	창의적 아이디어의 실행과 완성	1~2학년	토, 09시	장찬욱	국방과학연구소 연구원
206	경제경영	경영학 콘서트: 금융 위기에 빠진 기업을 구하라	전학년	수, 18시	전인구	미르초등학교 교사(KDI 경제교육팀 재개발 자문위원 대표)
207	경제경영	창업반: 창업의 길	전학년	토, 09시	정균화	고려대 교수
208	경제경영	사례를 통해 쉽게 배우는 생활 속의 경제	1~2학년	토, 09시	정지웅	울산과학기술원
209	경제경영	활동으로 배우는 경제 개념과 원리	1~2학년	수, 18시	김응현	세종특별자치시 교육청 장학사
210	방송영상	방송 제작 탐구반	1~2학년	토, 09시	박연순	전 KBS 교양제작국 PD
211	방송영상	초단편 영화 제작반(기초)	전학년	토, 09시	박정환	공주대 영상학 전공 (미디어 강사)
212	방송영상	초단편 영화 제작반(기초)	전학년	토, 14시	박정환	공주대 영상학 전공 (미디어 강사)
213	방송영상	방송 영상 제작의 기본	전학년	수, 18시	서병철	한술미디어센터 대표감독
214	방송영상	방송 영상 제작의 기본	전학년	토, 09시	서병철	한술미디어센터 대표감독
215	방송영상	TV 공익 광고 제작	전학년	토, 14시	서병철	한술미디어센터 대표감독
216	사회학(북한학)	북한 체제 바로 알기	전학년	토, 09시	김기중	한국영상대 교수
217	사회학	사회이론가와 리더십	전학년	수, 18시	박규리	홍익대 교수학습지원센터 연구원
218	심리학	심리상담반: 또래 상담자 역할 수행하기	전학년	토, 09시	김옥주	한국직업능력개발원 연구원
219	심리학(예술 융합)	심리학이 예술이네	전학년	토, 09시	박한범	밸국제학교 강사 (예술심리치료사 1급)
220	법학(환경+사회학 융합)	자원 순환 사회의 환경법 연구	1~2학년	토, 09시	안세희	목원대 교양교육원 연구원

코드	전공	강좌명	대상 학년	강의 시간	강사명	소속
221	지리학(국제학 융합)	국제 개발 협력과 지리학	전학년	토, 09시	유희연	국토개발연구원 글로벌협력센터 연구원
222	정치외교학	활동으로 배우는 국제 정치	전학년	수, 18시	전희옥	이화여대 사회교육과 강사
223	광고홍보학	통합적 마케팅 커뮤니케이션	2~3학년	토, 09시	이진균	홍익대 광고홍보학과 교수
224	광고홍보학	PR, 소셜 마케팅, 광고 캠페인 전략 연구 학습	전학년	수, 18시	진범섭	홍익대 광고홍보학과 교수
225	광고홍보학	TV CF 광고탐구반	전학년	수, 18시	이진우	남서울대 교수
226	의상학(의류학)	의상학 이론의 이해 및 이슈 탐구	전학년	수, 18시	고윤재	용이재패션스튜디오 대표
227	의류학	패션 일러스트레이터	전학년	토, 09시	남혜경	세종교육청 진로체험센터/ 청소년진흥센터 강사
228	아동보육학	아동 학대 관련 이슈 분석	전학년	수, 18시	백은영	창신대 유아교육과 교수
229	아동보육학	아동 학대 관련 이슈 분석	전학년	토, 15시	백은영	창신대 유아교육과 교수
230	노인복지학	노년학의 이해	1~2학년	수, 18시	양정빈	남서울대 노인복지학과 교수
231	식품영양	세계 음식 문화의 이해	전학년	수, 18시	이정철	남서울대 노인복지학과 교수
232	수학(기하학)	조노동: 직접 조립하고 체험하면서 배우는 기하학	1~2학년	토, 14시	안병수	도담고등학교 교사 (영재교육원 수학강사)
233	수학(확률 통계)	파이썬을 이용한 확률 통계 활용	1~2학년	토, 09시	김승연	고려대 컴퓨터융합 소프트웨어학과 교수
234	화학	화학성분연구반	전학년	토, 09시	배윤정	전 서울반도체 선임연구원 (화학과 석사)
235	자연과학	화학·생물·환경 원서학습반	전학년	토, 14시	김성호	연구개발특구협동조합 수석연구원
236	멀티미디어	창업과 정신과 ICT	전학년	수, 18시	김성호	연구개발특구협동조합 수석연구원
237	IT	영화 속 IT 기술 탐구	전학년	토, 09시	김성호	연구개발특구협동조합 수석연구원
238	물리학	영화 속 IT 기술 탐구	전학년	토, 09시	김준형	울산과학기술원
239	물리학	현대 물리학	전학년	토, 14시	김준형	울산과학기술원
240	공간정보	공간 정보의 이해	1~2학년	수, 18시	홍일영	남서울대 GIS공학과 교수
241	멀티미디어	소프트웨어와 컴퓨팅 사고	2~3학년	토, 09시	이성주	고려대 컴퓨터융합 소프트웨어학과 교수
242	멀티미디어	웹디자인	전학년	토, 09시	강경완	한솔고등학교 교사 (SW 교육 담당 교원 강사)
243	멀티미디어	아두이노로 시작하는 사물인터넷 프로젝트	전학년	토, 09시	김광민	울산과학기술원
244	자연공학 이론	미래 기술과 변화하는 사회	전학년	토, 14시	김광민	울산과학기술원
245	멀티미디어	컴퓨터 코딩(게임 프로그래머)	전학년	토, 14시	이승희	세종시 교육청 방과 후 컴퓨터 강사
246	멀티미디어	(4차 산업) Scratch for Arduino	1~2학년	토, 09시	김미순	연구개발특구협동조합 강사 (전자계산학 석사)

코드	전공	강좌명	대상 학년	강의 시간	강사명	소속
247	멀티미디어	앱기획반	전학년	토, 14시	김효숙	목원대 교양교육원 강사
248	멀티미디어	안드로이드 앱 개발반	전학년	토, 09시	서경은	고려대 컴퓨터융합 소프트웨어학과 연구원
249	멀티미디어	가상현실(VR) 탐구반	전학년	토, 09시	이찬중	한국학생가상현실학회 학회장
250	멀티미디어	(앱기획반) 가상증강현실의 이해와 실습	전학년	토, 14시	한기백	남서울대 대학원생
251	멀티미디어	나도 이제 파워블로거	전학년	토, 09시	김하늘	블로그학교 대표
252	공학(메카트로닉스)	메카트로닉스 구조의 이해	전학년	수, 18시	전병연	고려대 제어계측공학과 대학원생
253	공학(이론)	인간공학적 사고 기르기	전학년	토, 09시	이광로	울산과학기술원
254	공학(드론)	드론 이론과 실습	전학년	토, 09시	고재헌	드로니안 대표
255	공학(로봇)	로봇공학 이론 및 실습	전학년	토, 14시	김형권	㈜한화연구소 연구원
256	공학(로봇)	로봇과 놀면서 배우기	1~2학년	토, 14시	정다운	고려대 제어계측공학과 대학원생
257	공학(로봇)	로봇 제작 (3D 프린터와 아두이노 활용)	1학년	토, 14시	한승훈	도담고등학교 교사
258	건축학	지속 가능한 개발을 위한 친환경 건축 교실	1~2학년	토, 09시	노지웅	홍익대 건축공학부 교수
259	신소재	나는 새로운 물질을 알고 싶다	1~2학년	토, 09시	최준용	울산과학기술원
260	의료공학	진단의학의 꽃, 의료 영상의 세계	1~2학년	토, 09시	박혜림	경희대 생체의공학부 (카이스트 교육 조교)
261	음악(가야금)	12현, 25현 가야금	전학년	토, 14시	강정이	대전보건대 강사
262	음악 이해(심리학 융합)	Music is my life	전학년	토, 14시	박한범	빛고을제학교 강사 (예술심리치료사 2급)
263	사진학(미디어 융합)	사진으로 보는 디지털 이미지 프로세싱	1~2학년	토, 09시	김범	울산과학기술원
264	사진학	카메라로 읽고 생각하기	전학년	토, 09시	임민수	목원대 영화학부 교수
265	미술(심리학 융합)	미술심리치료사반	전학년	수, 18시	김혜진	홍익대 교수 학습지원센터 연구원
266	미술(한국화)	수묵풍경화의 이해와 표현	전학년	토, 14시	방진태	목원대 강사
267	미술 이론(철학)	미술로 살아 보기	1~2학년	토, 09시	성지영	서울대 관악창의예술영재교육원 강사
268	미술 실습	꿈꾸는 화실	1~2학년	토, 14시	성지영	서울대 관악창의예술영재교육원 강사
269	체육 실기	체육 진로 전공 실기반	전학년	토, 14시	안상태	고운고등학교 교사 (2016 거점학교 지도)
270	미술 (디자인+홍보 융합)	시각 디자인과 커뮤니케이션	전학년	토, 09시	오현경	호서대 시각디자인학과 강사
271	미술(디자인)	이야기가 있는 제품 디자인	전학년	토, 09시	이상훈	홍익대 프로덕트 디자인 교수
272	미술(일러스트)	일러스트를 이용한 나만의 개성 찾기	전학년	토, 09시	최동준	울산과학기술원

학교 간 협력 교육 과정(거점학교, 연합형 교육 과정)은 1년 혹은 1학기를 기준으로 운영합니다. 서울시 교육청 신청 시기는 2018년 1학기는 3월, 2학기는 8월~9월 초로 정해져 있습니다. 운영 시간은 방과 후, 주말, 방학 중, 일과 중에 실시하고 장소는 지정 학교 혹은 지역 사회 시설이 됩니다. 일반고나 자립형 공립고 학생이면 누구나 지원할 수 있으나 다니는 학교의 교육 과정에 있는 교과 수업은 들을 수 없습니다. 심화 과정 수업은 기초 과정 수업을 들은 학생만 신청할 수 있습니다. 또 학생이 다니는 학교가 속한 교육청의 협력 교육 과정 거점학교 수업만 가능합니다. 만약 주변 거점학교에 아이가 원하는 수업이 없거나 거점학교가 없는 지역이라면 서울시 전체 거점학교에 지원할 수 있습니다. 지역마다 상황이 다르므로 관련 정보는 거주 지역 교육청이나 학교 홈페이지를 통해 알아봐야 합니다.

02
일반고의 고교 위탁 교육, 고3 직업반

    진학을 하지 않거나 취업에 관심 있는 일반고 졸업생들에게 도움을 주고자 고등학교 3학년 학생을 대상으로 직업 과정 위탁 교육을 1년간 시행하고 있습니다. 일반고 직업 교육 과정에 참여하는 학생은 취업에 필요한 전문 자격증을 준비하는 것이며 본인이 원하는 과정을 선택할 수 있습니다. 한 달에 두 번 학교에 나가고 나머지 시간은 직업 교육을 받게 됩니다. 대부분의 교육 과정을 실습 위주로 진행하면서 이론도 함께 배웁니다. 일반고의 3학년 진급 예정 학생을 대상으로 선발하는데, 위탁 교육을 원하면 2학년 2학기 11월경에 지원서를 작성하여 위탁 교육 기관에 신청하고 선발 절차를 거쳐 다음 해 3월부터 위탁 교육 기관에서 교육을 받는 것입니다.

위탁 교육을 받는 동안 수업료는 일반고에 납부해야 합니다. 고용노동부를 통해 국비로 진행되기에 교육비, 교재비, 실습비, 재료비 등이 전액 무료이고 위탁 교육에 대한 추가 수업료는 부담하지 않습니다. 매월 훈련 수당인 교육장려금도 지급하기 때문에 재학생의 경제적 부담도 줄일 수 있습니다. 그리고 위탁 교육 기간 동안 기능사 자격증을 취득하여 수료한 후에는 산업체에 취업할 수 있으며, 고등학교 졸업장은 일반고에서 수여합니다. 일반고 학생이 졸업할 때, 졸업장과 기능사자격증을 동시에 가질 수 있는 기회입니다.

서울시 교육청은 현재 고등학교 3학년에서 실시하는 위탁 교육을 고등학교 2학년으로 낮추는 방안을 검토 중이라고 합니다. 관심 있는 고1 학생은 2017년 11월경 신청 가능한지 학교에 문의해 보면 됩니다. 공공 직업 훈련 기관을 비롯해서 산업정보학교, 직업전문학교, 기술계 학원 등 전국 직업 훈련 위탁 교육 기관은 200여 곳에 이릅니다. 지난해 기준 9000명이 위탁 교육을 신청했다고 합니다. 조리 위탁 교육, 미용 위탁 교육, 컴퓨터 위탁 교육, 실용음악 위탁 교육, 실내 디자인 위탁 교육, 제과제빵 위탁 교육, 피부 미용 위탁 교육 등 다양한 위탁 교육이 진행되고 있습니다. 앞으로도 그 숫자는 계속 늘어날 전망입니다. 위탁 교육 관련 정보는 지자체 교육청 인력개발과 혹은 학교에 문의해 보면 자세한 내용을 알 수 있습니다.

최근 고등학생들이 청년 실업에 대한 불안감 때문에 진학보다 공무원 시험을 준비하는 사례가 늘고 있습니다. 진학에 관심이 없다면 대학생이나 졸업생, 취업자나 은퇴자도 경쟁하는 공무원 시험보다 나라에서 지원해 주는 직업 위탁 교육을 통해 좀 더 빠른 취업을 고려해 봐도 좋을 것 같습니다. 일반고 3학년 때 선택하는 '직업반'은 특성화고와 다릅니다. 1년간 직업 관련 전문 기술을 배워서 자격증 따는 기회를 얻는 것이기에 특성화고보다 숙련 기간이 짧습니다. 그래도 특성화고를 선택하지 않았지만 점점 진학에 관심이 없어지고 취업에 더 관심이 생겼다면 좋은 기회가 될 수 있습니다. 취업 후 일정 기간이 지나면 취업자를 대상으로 실시하는 대학 입학 전형에 지원하여 더 배울 수도 있습니다.

03

진로 탐색 검사

초등학교부터 생활기록부에 '자신이 원하는 장래 희망'과 '부모가 원하는 장래 희망'을 쓰는 칸이 있었습니다. 가끔 이런 질문이 가당키나 한가, 라는 생각이 들었습니다. 자신이 원하는 장래 희망을 묻는 것은 이해되지만 부모가 원하는 것을 묻는 심사는 무엇인지 헛웃음만 나옵니다. 최근 생활기록부에서는 사라졌지만 일부 학교에서는 아직도 이런 조사를 합니다. 아이가 직업을 정할 때 정보를 얻거나 의견을 나누는 상대가 부모일 확률이 높아서인지, 직업을 결정하는 데 집안의 영향력을 무시할 수 없어서인지 알 수 없지만 늘 이 질문에 불만이 있었습니다.

우리 집 막내는 초등학교 6학년 때 자신이 원하는 장래 희망 칸에

'아직 미정'이라고 썼습니다. 물론 그 옆에 있는 부모가 원하는 장래 희망 칸에도 똑같은 답을 썼습니다. 자신이 정하지 않았으니 부모도 그렇게 써 두어야 한다는 똑 부러진 주장에 아무 말도 못 하고 따랐습니다. 내심 그 답을 본 담임선생님이 생각 없는 애로 오해할까 봐 부모가 써 보내는 참고 칸에 구구절절 해명한 일이 있습니다. 큰아이는 그런 동생이 답답하다며 자신은 남들이 쓴 걸 보고 마음에 드는 것으로 골라 1년 동안 판사로 살기도 하고 의사로 살기도 한다고 했습니다. 그것이 살기 편하다고 하더군요. 그림을 그릴 때도 글을 쓸 때도 그렇게 정해 둔 대로 활동한다고 합니다. 큰아이의 태도도 부모는 부담스럽습니다. 큰아이는 '아직 미정'은 너무 튀는 답이라고 안타까워했습니다. 당사자는 아직 어리고 경험이 많지 않아 어떤 직업에 종사할지 정하기 어렵다고 하면서 언젠가 정할 테니까 기다리라고 합니다.

아이 성향에 따라 처세가 다르니 부모로서도 지켜보기 힘듭니다. 아이가 앞으로 살아가면서 어떤 일을 할지 결정하는 것은 쉬운 일이 아닙니다. 우선 아이가 자신의 관심에 대해 정확히 얘기하는 경우가 드물고, 경험이 부족하여 좋아하는 일을 하려면 어떤 직업을 선택해야 하는지도 잘 모릅니다. 이럴 때는 부모도 답답해집니다. 눈에 띄게 잘하는 분야가 보이지 않는 한 전망 있는 쪽을 권할 수밖에 없으니까요. 답답한 마음에 어디라도 가서 진로 검사를 받아야겠다는 생각이 든다면 정부 기관에서 운영하는 인터넷 홈페이지를 이용하는 것도 방법입니다. 한국직업능력개발원에서 운영하는 '커리어넷(www.career.go.kr)'과 '워크넷(www.go.kr)'입니다.[3]

한국직업능력개발원에서 운영하는 커리어넷은 중고등학생의 직업과 관련된 심리 검사를 할 수 있고, 진로 탐색 프로그램을 이용해 자기 이해를 통한 진로 탐색과 관심 직업을 통한 진로 탐색 등을 할 수 있습니다. 워크넷은 고교 계열 흥미 검사, 대학 전공 흥미 검사, 초등학생 진로 인식 검사 등을 합니다. 검사 결과를 볼 때 주의할 점은 아이가 자신의 생각을 직접 체크하기 때문에 나이에 따라 질문에 대한 이해도가 떨어질 수도 있고, 최근 관심사에 대해 집중해서 대답하기 때문에 '적성'보다는 '호감도(흥미)'에 따른 결과라고 생각해야 한다는 것입니다.

사람의 마음과 생각은 시간과 환경에 따라 변할 수 있습니다. 오늘은 이쪽에서 일하고 싶다가 우연히 다른 일이 더 하고 싶어질 수 있습니다. 청소년기에는 더욱 그렇다는 점을 염두에 두어야 합니다. 생각이 바뀌는 아이와 자주 대화하여 지금은 어떤 생각을 하는지 기본 정보를 가지고 있어야 합니다. 아이가 '잘하는 것'과 '좋아하는 것' 사이에서 고민한다면 어떻게 조언할지 미리 생각해 두는 것도 좋습니다. 잘하는 것은 적성이 맞는 만큼 쉽게 배우고 곧잘 할 테니 선택에 따른 결과 부담이 적습니다. 하지만 아이가 좋아하는 것을

---

3 그림 3-1, 그림 3-2(134쪽) 참조.

더 하고 싶어 한다면 어떻게 해야 할까요? 우선 좋아하는 것을 지금 시작해도 괜찮은가부터 질문해야 합니다.

부모라면 누구나 중고등학교 때 실력은 고려하지 않은 채 하고 싶은 쪽을 선택하려는 아이와 다투어 본 경험이 있을 것입니다. 대부분의 아이는 부모가 자신이 원하는 걸 응원해 주지 않으면 대화하려 하지 않습니다. 진심 어린 조언이라도 아이가 받아들일 준비가 안 되었다면 기다려 줘야 합니다.

그림 3-1 한국직업능력개발원 커리어넷

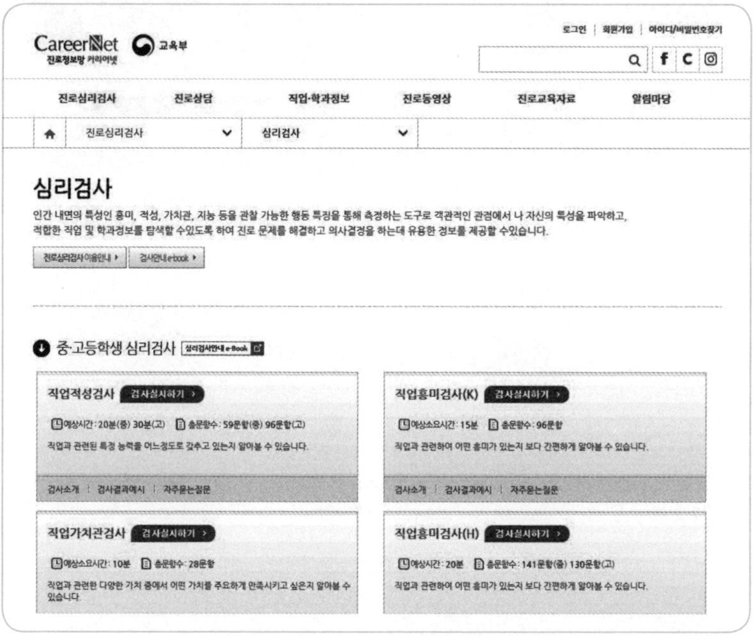

출처: 커리어넷 홈페이지

그림 3-2 한국직업능력개발원 워크넷

출처: 워크넷 홈페이지

04

문·이과통합교육과정이
고등학교 선택에 미치는 영향

    2018년에 문·이과통합교육과정을 비롯해 고교학점제나 학교 간 협력 교육 과정을 실시한다는 소식을 접한 중3 교실은 술렁거리기 시작합니다. 당장은 아니더라도 특목고나 자사고를 일반고로 전환하는 정책이 추진된다고 하니 어떤 고등학교를 선택해야 할지 고민되기 시작합니다. 무엇보다 수업 진행을 고려한다면 일반고 부모도 이만저만 걱정이 아닙니다. 어떤 과목을 선택할 것인가도 어렵지만 우리 아이가 다니는 학교에서 몇 배 늘어난 과목들을 수업으로 개설할 것인가도 생각해야 합니다. 아이가 다니는 학교의 규모가 크면 필요한 수업을 듣기 위해 다른 학교에 가지 않아도 되겠다는 결론에 이릅니다. 부모는 수업을 위해 이동하는 시간이 최소가 되기를 바라기 때문입니다.

고등학교는 대학 입시와 직접 연관되는 만큼 규모가 커서 다양한 프로그램과 수업이 개설되는 학교를 선호할 수밖에 없습니다. 대도시 학교나 거점학교를 운영하는 단위학교, 대학 입학 실적이 좋은 동네 고등학교의 인기가 높아질 것입니다. 상대적으로 소규모 학교는 아이가 원하는 수업을 받으려면 이동 시간과 교통비를 투자해야 합니다. 일주일 중 특정 요일을 정해 가까운 학교에서 수업을 들으면 된다고 생각하지만 이동 교실 수업보다는 부담됩니다. 혹은 개설 과목이 인기가 많지만 인원을 제한한다면 그 또한 해결해야 합니다. 시행 초기에는 생각지도 못한 여러 가지 문제가 발생할 테고 해결되는 데는 적지 않은 시간이 걸릴 것입니다.

집 근처 자율형 사립고에서 실시하는 방과 후 강의를 듣기 위해 학교 홈페이지에서 신청했는데 정원이 마감되어 결국 대체 강의를 신청하는 일이 비일비재하게 생깁니다. 미리 수요 조사를 했지만 교사를 구할 수 없어서 반을 증설하지 못했기 때문입니다. 요즘 대학에서 수강 신청 하는 모습을 보면 전쟁터를 방불케 한다고 합니다. 학교 홈페이지에 접속하여 인기 강의나 전공 강의를 신청하려면 좀 더 좋은 컴퓨터를 이용해야 한다는 것이 통념입니다. 그래서 학교 근처 PC방이나 학교 도서관 컴퓨터, 최신 휴대전화 등을 이용합니다. 고교학점제를 실시한다면 유사한 현상이 일어날 것입니다. 인터넷 강의 등으로 보완할 수밖에 없는 상황이 생길 것입니다.

부모 입장에서는 인터넷 강의보다 직접 수업하는 학교에 보내고 싶습니다. 이사도 불사해서 규모가 큰 학교로 전학 갈 수 있는 집 아이와 그렇지 못한 아이 사이에 생기는 기회의 불평등을 해결하는 대안이 필요합니다.

또한 2018년 문·이과통합교육과정 수업을 시작하는 고1이 수능 시험을 치를 때는 전 과목 절대평가제를 실시할 거라고 합니다. 수능 전 과목 절대평가는 고교 선택에 어떤 영향을 미칠까요? 우선 절대평가를 적용하는 대학의 입시 요강에 따라 선택이 달라집니다. 수능 점수에 따라 대학을 가는 정시로 진학 계획을 짠 경우에는 영어나 한국사 시험처럼 입시에 적용되는 점수의 변별 정도가 크지 않다면 굳이 특목고나 입학 성적이 좋아야 하는 학교보다 경쟁이 좀 덜한 곳에서 수능 준비를 하고 싶을 것입니다. 하지만 학생부 종합 전형처럼 생활기록부를 활용하는 수시 전형을 생각한다면 경쟁이 치열하더라도 프로그램이 다양하고 선택의 기회가 많아서 대학 입학 실적이 좋은 학교를 선택할 것입니다. 한마디로 대학의 입시 요강이 고교 선택에 영향을 미친다는 것입니다.

또 정부가 수능을 절대평가로 바꾼다면 의대 진학을 하려는 이과 N수생이 줄어들 것입니다. 대학에서 수시 전형에 졸업자들의 지원 가능 연도를 제한하고 있어 N수생들은 정시 지원만 할 수 있습니다. N수생들이 재학생보다 수능을 잘 보더라도 전 과목이 절대평가가 된다면 변별력이 크지 않아 대학 입학에서 경쟁력이 줄어들 것이기 때문에 N수를 포기하는 학생이 늘어날 것입니다. 그러므로 수능 전 과목 평가는 재수생을 줄이는 효과가 있을 것입니다. 특히 의대에 들어가기 위해 몇 년씩 수능 공부를 하는 학생들의 수는 급격히 줄어들 전망입니다.

요즘 수시 학생부 종합 전형에 대한 관심이 뜨겁습니다. 수시 전형으로 뽑는 학생이 전체 입학생의 70퍼센트를 넘어가면서 생활기록부를 잘 관리해 주는 고등학교가 가장 큰 관심사입니다. 그런 학교들은 대학 수시 입학 실적도 좋고 매년 좋은 입시 결과를 내는 전통의 강호입니다. 그러나 내막을 자세히 살펴보면 모든 학생의 생활기록부가 잘 관리되지는 않습니다. 교사 수에 비해 생활기록부 업무는 과중합니다. 강의 중심으로 수업이 진행되기 때문에 학생 개개인을 관찰하기도 어렵습니다. 결국 성적이 우수한 학생들을 대상으로 생활기록부 관리가 이루어지는 것이 현실입니다.

교과학점제나 자기 주도적 활동 평가가 진행된다면 예전에 비해 생활기록부 내용이 더 구체적으로 작성될 것입니다. 하지만 이 부분도 어려움은 있습니다. '표현력'의 문제입니다. 아이들은 자신의 생각을 말과 글로 표현하는 것을 어려워합니다. 초중고등학교 과정에서 의사소통 교육을 계속 받지만 아이에 따라 실력이 차이 나기 때문입니다. 수업 때 모둠별로 활동하면 부담은 줄어들지만 자기 생각을 잘 표현하지 못하는 우리 아이는 하고 싶은 공부를 놓치는 상황이 생기기도 할 것입니다. 교육 환경이 좋은 고등학교를 선택하기 전에 그 학교의 홈페이지에 공개된 교육 과정과 프로그램을 살펴보고 우리 아이가 잘 적응해 나갈지 함께 의논한 뒤 결정하는 것이 바람직합니다.

과학중점학급을 운영하는 일반 고등학교는 문과 계열보다 이과 계열의 수업이 많습니다. 아이가 문과 계열에 관심이 많다면 결정할 때 좀 더 생각해 봐야 합니다. 이들 학교는 이과를 적극적으로 권하고 수업 분위기가 좋다며 과학중점학급을 권합니다. 실제로 고2 끝무렵 아이 성적이 너무 나쁘다면서 상담을 신청한 부모님이 있었는데 아이가 과학중점학급을 선택한 것도 몰랐습니다. 이 학급은 일반고이지만 이과 선행 학습을 많이 한 아이들이 지원하기 때문에 수업 부담도 크고 성적도 잘 나오지 않습니다. 단지 이과 수업이 좋아서 선택한 아이는 점점 떨어지는 성적에 자신의 실력을 의심하고 공부하는 재미도 잃기 쉽습니다. 잘하는 아이들에게는 더 나은 선택의 기회가 되겠지만 미리 준비하지 않은 아이들은 다시 좌절하고 포기하는 교육 과정이 되기도 합니다.

새로운 교육 과정이 시작된 뒤 미처 생각하지 못한 문제들을 해결하고 안정을 찾으려면 적어도 3년은 걸릴 것 같습니다. 아이가 성실하지 않아서 혹은 적극적이지 않아서 뛰어난 성적을 거두지 못하는 게 아니라 준비가 덜 된 것이라 생각하여 교육 과정을 알아본 뒤 우리 아이가 잘할 수 있는 학교를 선택하는 것이 좋습니다.

05
국민 공통 교육,
수업 선택 기회의 불공평

지역에 따라 교육의 질도 차이 날 것입니다. 교육의 질은 강남이나 교육특구라 불리는 지역과 중소도시나 교육 혜택이 낙후된 지역이 똑같다고 얘기하지 못합니다. 부모 입장에서 볼 때 거점학교 계획표만 비교해도 지역마다 교육 내용이 다릅니다. 어느 지역에서나 좋은 교사에게 양질의 수업을 받을 수 있도록 기회가 공평해지려면 수업 내용을 표준화해야 합니다. 그동안 국가는 국민이 기본으로 배워야 하는 공통 교육 과정을 통해 무엇을 가르칠 것인가에 치중하여 교육했습니다. 초중고등학교에서 배운 내용으로 사회생활을 할 수 있도록 교양인 교육에 치중한 셈입니다.

학창 시절에 배운 음악 이론과 미술 이론이면 다양한 문화 콘텐츠를 접해도 큰 무리 없이 이해할 수 있고, 학창 시절에 배운 역사로 TV나 영화에 나오는 역사물을 이해하는 기본기를 닦았습니다. 모든 지역에서 같은 교과서로 배웠습니다. 고등 교육을 받지 않아도 과학이나 사회 혹은 문학에 대한 얘기가 나오면 알아들을 수 있었습니다. 그런데 이제 자기 주도적으로 진로를 탐색하고 계획하고 관련된 수업을 선택해서 배우는 기회가 생긴 것입니다.

필자는 셜록 홈스를 처음 만난 게 초등학교 6학년 때였습니다. 우연히 친구 집에 놀러 갔다가 책꽂이에서 홈스 전집을 발견하고 매일 한 권씩 빌려 읽기 시작했습니다. 한 달이 조금 넘게 찾아가서 다 읽은 뒤에는 '탐정'에 대해 알아보기 위해 다른 탐정들의 이야기를 담은 책은 없는지 찾아보기 시작했습니다. 결국 그 추적은 애거서 크리스티 등 현대 추리물까지 섭력하는 놀라운 흡인력을 보여 주었습니다. 나라별로 작가별로 읽어 본 덕에 어지간한 추리물은 초반에 범인을 알아보는 수준이 되었습니다.

홈스 시리즈를 읽기 전까지 우리 집에 있는 책은 백과사전, 과학 잡지, 근현대 문학 전집, 여행 서적뿐이었습니다. 부모님이 지인의 부탁을 거절하지 못하고 사들여서 전시해 둔 그 책들을 읽어 보곤 했습니다. 중학교 때는 친구 집 책장에 꽂힌 전문 서적을 보고 큰 충격을 받았습니다. 필자는 친척 중 처음으로 대학에 입학했는데 친구는 대학생 형제가 여럿이라 아는 것이 많았습니다. 그 친구 집이 가까웠으면 자주 들러서 다 읽어 보고 싶을 만큼 책 내용이 궁금했습니다. 그 하소연을 아버지께 했더니 서점에 데리고 가 주셨습니다. 엄청나게 쌓인 책 중에서 뭘 읽어야 할지 알려 주지도 않고 그냥 데려다 주기만 한 것입니다. 도서관에도 데려가 주셨습니다. 노랗게 변색한 책에 세로줄 글씨까지 넘겨 보았지만 마음을 확 끄는 책을 찾지는 못했습니다.

고등학교 때는 대학 진학을 앞두고 학과 정보를 얻기 위해 두툼한 정보지를 펼쳐보다가 졸업 후 연구직으로 가는 학과에 지원했습니다. 과학자가 되고 싶었고 그러려면 연구를 계속해야 한다는 막연한 생각으로 선택한 그 학과는 취직이 안 되는 과였습니다. 연구직 문구는 취직이 불투명한 학과를 소개할 때 쓰는 단골 레퍼토리라는 사실을 알자 사기당한 기분이 들기도 했습니다. 그때 이후 정보의 필요성을 크게 깨닫고 열심히 수집하지만, 정보가 처한 수준에서 얻을 수 있는 것뿐이라 늘 한계가 있었습니다.

금수저, 흙수저의 시대라고 합니다. 인터넷을 통해 예전보다는 정보 수집 기회가 많아졌습니다. 하지만 각자가 처한 환경을 고려한다면 기회가 공평해졌다는 생각은 들지 않습니다. 국민 공통 교육의 기본 영역이 줄어들고 개인별 선택의 기회가 늘어나더라도 기회는 공정해야 합니다. 사실 선택한 기회는 그 미래가 불확실합니다. 아이가 잘하는 것을 선택하거나 좋아하는 것을 선택하더라도 배우는 과정에서 어떤 변화를 겪을지 아무도 장담할 수 없습니다. 문제해결력이 있는 아이로 성장해 나가는 교육 과정이라도 완벽하게 도와주기는 어렵습니다. 한 고비 넘기면 다음 고비가 있듯이 선택하고 나면 또다시 선택해야 하는 순간이 옵니다. 선택이 성공적이면 다행이지만 성공적이지 않았다면 다음 단계는 어떻게 해야 할지도 준비해야 합니다. 아이의 선택을 지켜보거나 도와줘야 하는 부모에게는 큰 부담이 되는 상황입니다.

06
적응을 넘어 적성으로

　문·이과통합교육과정은 일반 고등학교 진학 후 문과 혹은 이과 계열의 과목 중에서 자기 주도적으로 선택하고 배울 과목을 정함으로써 관련 공부에 대한 동기를 부여하는 것입니다. 하지만 현실에서는 문과반이 급격하게 줄고 이과반이 크게 늘었습니다. 4차 산업혁명과 인공지능, IT 관련 분야의 인력이 많이 필요하다는 분위기가 계속되는 한 이공 계열 전공자는 더 늘어날 것입니다.

　2016년 서울의 10개 주요 사립대가 발족한 '미래대학포럼'을 통해 2018년부터 '미래대학'이 출범합니다. 그러나 전공별로 학생과 교수들의 저항에 부딪치며 어려움을 겪고 있어 학교별 시행 시기가 불투명한 상황입니다. 대학 정원이 정해져 있어 이 단과대학이 만들어지면 다른 학과의 입학 정원을 줄여야 하기 때문입니다. 고려대는 이 단과대학에서 인문학과 사회과학, 디자인 사고, 인공지능, 데이터 과학 등을 온오프라인의 다양한 방법으로 공부하는 기회를 제공합니다. 기존의 자유전공제와 다른 자기 주도적 전공제로 보면 됩니다. 연세대는 2013년 문을 연 미래융합연구원에서 인문·사회, 자연 분야를 망라하는 50개 연구센터를 운영하고 있습니다.

여기에서 주목할 점은 대학의 변화는 이과 교육의 강화가 아니라는 것입니다. 문과·이과의 경계를 넘어선 교육을 받으려면 기본기가 있어야 합니다. 필자의 경우 대학 전공은 생물학이고 대학원 전공은 사회학입니다. 대학 때는 철학과 부전공까지 시도했습니다. 사회학과 강의를 들으면서 어려움을 겪은 것은 고등학교 때 배우지 못한 철학사상사, 경제 이론, 세계사 등입니다. 대학에 와서야 배우기를 시도했지만 대학 강의는 이미 배웠음을 전제하고 진행되기에 이중고를 겪었습니다. 고등학교에서도 원하는 과목을 모두 들을 수 있는 게 아닙니다. 수업 시간이 제한되어 있기 때문입니다. 대학도 학점 제한이 있습니다. 필자는 짬을 내어 청강했지만 겹치는 수업 시간이 많아 선택에 제한이 많았습니다. 최근에는 인터넷 수강 기회가 생겼지만 그 또한 시간 내는 게 쉽지 않습니다.

4차 산업과 인공지능의 시대에 문·이과통합교육을 바라보는 학생과 부모의 입장은 앞으로 수요가 늘어날 이공 계열 과목에 더 집중하겠다는 것입니다. 취업이 잘되는 전공을 선택하여 적성과 상관없이 적응하자고 판단하는 경우가 생기기도 합니다. 최근 상담에서 겪는 어려움인데 과학에 관심 없는 아이에게 취업을 생각해서 이과 진학을 권하는 부모가 많아지고 있습니다. 부모 세대는 대학에 입학하면 졸업은 하는 분위기였지만 요즘은 아니라고 설명해도 완강하게 밀어붙이곤 합니다.

더욱 안타까운 점은 전공 과목의 기본이 되는 과목에 대한 정보가 없다는 것입니다. 아이들도 주변에서 적극적으로 이과를 권하니까 문과를 선택하면 장래가 불투명하다고 여깁니다. 그런데 공학 계열은 수학, 물리 등이 기본기라고 하면 걱정하기 시작합니다. 수능을 고려해 이과 계열 과목으로 물리보다 생물이나 지구과학을 선택하는 경우가 많기 때문입니다. 고등학교 때 성적이 잘 나오는 과목 위주로 선택할 경우 대학에 가면 수업 내용은 알아듣더라도 과제를 수행하는 것조차 어렵습니다. 실제로 문과·이과 교차 지원을 통해 공대 수업을 듣는 문과 전공자들은 전공 심화 수업에서 두 손을 듭니다. 문과 출신 공대 학생이 1년간 열심히 공부해도 힘들다며 문과 보내 달라고 상담을 신청한 일이 있습니다. 시대가 이공계를 원한다고 이과 계열을 고집하기보다 적성에 따라 선택하고 대학에서 필요한 융합 과정을 더 배우는 것이 효과적인 선택입니다.

선행이 필요한 과목은 문과 계열보다 이과 계열이 더 많습니다. 수학과 과학은 열심히 해도 좋은 성적을 내기 어렵습니다. 이미 선행 학습 한 친구들을 따라가는 게 쉽지 않습니다. 그들도 쉬지 않고 노력하기 때문입니다. 초중등 과정을 거치며 특별히 관심 두는 과목이 없거나 공부에 적극적이지 않은 경우 예체능 쪽으로 방향을 틀기도 합니다. 아이들은 한창 뛰어놀기 좋아하는 청소년기라 좋아하는 운동을 하거나 그림 그리는 쪽으로 가고 싶다고 합니다.

고등학교 1학년 때 미술을 준비하다가 2학년 때는 힘들다며 무용 쪽으로 전공을 바꾸더니 결국 무용학과에 진학한 학생이 있었습니다. 하지만 무용학과 수업이 내키지 않아 휴학하고 다른 분야를 공부하다가 다시 복학하여 졸업했습니다. 사실은 무용학과에서 우수한 성적으로 장학금을 받았습니다. 졸업 후에는 여행을 좋아하는 적성을 살려서 항공사에 취업하려고 열심히 준비 중입니다. 아이가 전공을 바꿀 때마다 비용이 들어 힘들었지만 끝까지 지원해 준 부모님 덕분에 무사히 대학을 졸업하고 새로운 분야의 취업을 위해 또 준비하는 것입니다. 부모님 걱정은 또 다른 분야에 대한 관심이 생겨서 지금 하는 공부를 포기하고 다시 시작하겠다 하면 어떻게 하냐는 것입니다. 저도 그 학생이 걱정입니다. 물론 아르바이트까지 하며 목표를 이루기 위해 열심히 노력하고 있지만 말입니다.

아이가 장래 희망을 정할 때, 앞으로 전망 있는 분야에 대한 정보를 제공할 수밖에 없는 부모 입장에서 아이가 적성보다 사회 적응에 방점을 둔다면 따뜻한 조언을 통해 앞으로 나갈 방향을 같이 찾고 비전을 갖도록 도와줘야 합니다.

07
부모와 아이들의 미래를 보는 시각 차이

최근 초중고등학교와 대학에서 '거꾸로 교실'이라는 '플립 러닝 (Flipped Learning)' 수업 방식을 도입하여 시행하고 있습니다. 플립 러닝은 미국에서 문제해결력과 창의력을 키우는 교육으로 주목받고 있습니다. 거꾸로 교실은 수업 전에 온라인 동영상을 통해 미리 강의를 듣고, 교실에서는 동영상 학습에서 해결하지 못한 문제를 다른 학생들과의 토론이나 교사의 도움을 받아 적극적으로 해결해 나가는 학습입니다.[4]

교사가 동영상 자료나 PPT 자료를 보여 주면서 진행하는 기존의

---

4 최정빈·김은경, 〈공과대학의 플립 러닝 교수 학습 모형 개발 및 교과 운영 사례〉, 《Journal of Engineering Education Research》 Vol. 18, No. 2, pp. 77~88, March 2015.

강의식 수업은 지루하거나 졸릴 때도 많은 데다 프린트 자료를 받아 괄호를 채우는 식의 암기 수업이었습니다. 거꾸로 교실 방식은 배울 내용을 미리 익혀서 수업에 대한 궁금증도 높이고 새롭게 알아낸 사실에 대해 토론하거나 모르는 것은 질문하면서 심화 수업을 진행할 수 있습니다. 무엇보다 표준화된 수업 자료를 사용해 수업의 질을 높이고 학생들끼리 모둠 활동을 원활하게 수행하는 장점이 있습니다. 교육이 무엇을 가르칠 것인가에서 알고 있는 지식에 기반을 둔 창의 융합 교육으로 진행되는 것입니다.

그러나 수업 준비 태도나 모둠 활동 참여 정도는 개인 간 차이가 나기 마련이며 초등학교 때부터 습관이 되어야 수업의 목적을 이룰 수 있습니다.수업 현장의 교육법 변화는 아이들의 사고 체계에도 변화를 줍니다. 이제 더 이상 성적이 오르는 학습법을 강요할 수 없는 상황입니다. 개인 능력 중심의 암기법, 기억법보다 동영상 수업을 듣고 이해하여 요약하기, 궁금한 점이나 이해 안 되는 내용을 상대가 알아듣기 쉽게 질문하기, 수업에서 배운 내용과 연결된 실생활 문제 찾아내기, 모둠 활동에서 다양한 아이디어 내기, 정보 탐색하기 등 개인 의사소통 능력을 기본으로 하며 모둠 활동을 통해 수업 주제를 심화하는 능력을 계속 개발해야 합니다.[5]

이 능력은 구체적이고 지속적으로 개발되어야 하기에 의사소통

---

5 표 3-7 거꾸로 교실, 플립 러닝 내용(150쪽) 참조.

표 3-7 거꾸로 교실, 플립 러닝 내용

목표 능력	분야	내용
학습 태도	학습 방법	배울 내용을 미리 이해하고 수업 참여 계획 수립
자기 주도적	모둠 활동	모둠 활동 시 문제 해결을 위한 아이디어 제공, 모둠에서 자기 주도력, 과제집착력, 의사소통 능력, 창의력 향상
문제해결력	융합 프로젝트 수업	수업 심화 단계 활동, 실생활과 연계된 주제, 개념 원리 탐구, 다양한 분야와 관련된 문제해결력 향상
의사소통	발표 · 토론 · 학습 능력 개발	다양한 해결 방안 모색, 정보 교환, 폭넓은 사고력 확장
논리력	의사소통 능력 기본기	말하기, 듣기, 읽기, 쓰기 실력 향상

교육의 기본기를 배우는 초등학교 때 신경 써서 지도해 주는 것이 좋습니다. 하지만 미래를 보는 부모와 아이들의 시각 차이를 이해하지 못한다면 부모는 아이가 잘 따라 주지 않아 답답할 테고, 아이는 왜 그래야 하는지 이해가 안 되는데 계속 강요하는 부모와 소통하려 하지 않을 것입니다.

새로운 교육 과정이 도입되고 교과서가 바뀌고 입시 제도가 바뀔 때마다 부모들은 초조합니다. 새로운 정보를 수집하고 아이의 상황에 맞게 학습 계획을 짜야 합니다. 자주 바뀌는 교육 과정은 부모들에게 엄청난 스트레스를 줍니다. 이렇게 스트레스를 받는 이유는 부모들이 보는 미래 사회가 불확실하기 때문입니다. 변화하는 사회에 우리 아이가 잘 적응하며 살아갈 것인지 관계 불안도 느낍니다. 아이들을 가르치는 입장에서는 돈과 시간을 들인 만큼 도움이 되었으면 하는 바람으로 교육 계획을 짜게 됩니다.

4차 산업혁명과 인공지능 사회에서 인간의 일이 없어지는 가운데 우리 아이들은 안정된 직업을 가지고 살기를 바랍니다. 그래서 소프트웨어 프로그래밍에 관심을 가지고 초등학교 때 배울 코딩 수업을 유치원 때부터 배우고 초등학교 수업을 따라가지 못할까 봐 학원에도 보냅니다. 국·영·수 학원에서 주요 과목을 보충하던 때와 달리 선택 과목이 다양해지고 그 심화도가 깊어질수록 가르쳐야 할 게 늘어날 거라고 생각합니다.

아이들이 보는 미래 사회는 어떤 모습일까요? 아직 세상물정을 잘 모르는 만큼 미래 사회에 대한 불안이 없습니다. 빨리 어른이 되고 싶을 뿐입니다. 부모의 간섭을 벗어나 하고 싶은 일을 하며 재미있게 살기를 원합니다. 미래를 위해 미리 준비할 필요도 없다고 생각합니다. 자연스럽게 하고 싶은 일을 하다 보면 행복한 삶을 살아갈 거라고 믿습니다. 물론 돈은 많이 벌고 싶습니다. 부모님이 얼마나 많은 돈을 들여 기회를 주는지 어릴 때부터 귀에 못이 박이도록 들어 왔기 때문에 돈이 자유로운 삶을 보장해 준다고 생각하기도 합니다. 상담을 하다 보면 나이에 상관없이 이런 생각을 합니다.

아이들이 보는 미래 사회는 소통이 이루어지는 사회입니다. 필요한 정보나 궁금한 소식은 SNS와 인터넷을 통해 얻을 수 있습니다. 언어 장벽도 큰 문제가 되지 않습니다. 번역기가 계속 업그레이드되고 부모 세대보다 영어 노출 시간이 많아 관심만 가진다면 외국어 문제는 가볍게 해결할 수 있다고 자신합니다. 말이 잘 통하지 않아도 외국으로 배낭여행을 떠나는 젊은이들을 보면 그 자신감이 부럽기도 합니다. 소통의 기회가 많아지고 글로벌 친구도 늘어납니다.

안타깝지만 세계 경제가 침체하면서 몇몇 나라에서는 보호무역주의나 자국의 이익을 먼저 생각하는 분위기가 생기고 있습니다. 하지만 국가적 폐쇄 분위기도 이 신세대들의 소통을 막아 내지는 못할 것 같습니다. 어려운 처지에 놓인 약자를 도와주기 위해 전 세계에서 도움의 손길을 보내는 시대입니다. 우리 아이들은 이런 소통의 기회를 어릴 때부터 누렸습니다. 아이들에게 익숙한 소통 방식이 미래를 위한 선택의 중요한 시작점이 될 것입니다. 소통을 통해 자신이 나아갈 길을 찾고 정보를 얻으며 무언가를 이루어 내기까지 그리 오래 걸리지 않을 것입니다.

또한 아이들은 미래 사회를 유연하게 생각합니다. 직업을 쉽게 정하지 못하는 이유를 보면 다양한 직업에 대해 잘 모르기 때문이라고 말합니다. 자신이 잘하는 일과 하고 싶은 일을 선택하겠다는 유연성이 있다는 의미입니다. 교양인으로서 배워야 할 것이 많았던 교육 과정 대신 자신의 관심 분야에 집중해서 시간을 할애하는 교육 과정을 이해해야 합니다. 남보다 빨리 배우는 것보다 좀 더 따져 보고 이해하는 능력이 요구되는 시대입니다. 부모 입장에서 아이에게 무엇을 가르칠 것인지 고민하는 시간보다 아이가 무엇에 관심을 가지고 집중할지 함께 찾아보는 시간이 필요합니다.

한국뿐 아니라 전 세계에서 대학 서열과 학과의 경계가 무너지고 있습니다. 세계적인 기업이나 대학들이 유능한 전문 인력을 직접 찾으러 다니고 교육하는 시대입니다. 아이가 자질을 돌아보고 자신의 길을 찾아가려면 함께 얘기할 부모님이 필요합니다. 아이의 성향별 전공 계열별 지도법은 5장에서 자세히 소개하겠습니다.

제4장

개인 성향과
문과·이과 적성 판별

이번 장에서는 부모님들이 아이의 관심사에 대해 조언할 때 미리 생각해 두면 도움이 될 생각들을 정리해 보았습니다. 아이가 '잘하는 것과 좋아하는 것' '소프트웨어와 콘텐츠' '천재와 팀 프로젝트' 같은 내용들에 대해 미리 생각한다면 자칫 결과에 연연하다 과정을 무시하는 실수를 줄이는 데 도움이 될 것입니다.

필자는 아이들의 성향을 크게 '정보탐색형 아이'와 '스토리형 아이'로 나누어 분석합니다. 이번 장에서는 아이의 성향별 문과·이과 선택 기준과 전공을 결정한 이후 학습 태도에 영향을 주는 개인적 혹은 사회적 성향을 파악하기 위해서 성별 및 가족 사항, 적성 판별에 대해 조사해 보겠습니다. 우리 아이의 특징을 알아야 어떻게 도와줄지 계획을 수립할 수 있기 때문입니다. 앞에서 문·이과통합교육과정이라 하더라도 전공을 선택하고 관심 분야에 따로 진로 과목을 선택해야 한다는 것을 알게 되었습니다.

융합 교육 과정이 강조되는 시점에서 문과와 이과의 적성을 나누는 일이 시대착오적이라 오해받을 수 있으나, 아이가 잘하고 좋아하는 관심 분야를 파악하여 계속 노력해 나가도록 도와주려면 꼭 거쳐야 하는 과정입니다. 4차 산업과 인공지능 시대를 맞이해 공학 전공자가 많이 필요해도 우리 아이가 무조건 적응하는 게 아니라 적성을 파악하여 자신의 강점을 통해 새로운 미래 인재로 성장하도록 돕기 위해서입니다.

문·이과통합교육과정에서 요구되는 창의 융합 인재관을 생각해 보고 '성향과 적성 판별키'를 통해 우리 아이가 어떤 유형인지 확인한 후 5장에서 '문과 · 이과 적성별 지도법'을 이용해 답답해하는 부모들에게 사이다 전략을 제안해 볼 예정입니다. 이 장에서 제시하는 판별키는 필자가 11년 동안 상담하면서 경험한 아이들의 성향 데이터를 기준으로 정한 것이라 모든 아이에게 적용하기에는 다소 부족한 점이 있습니다. 이 또한 지속적으로 상담하면서 보완하고 개선할 예정이니 참고용으로 이해하면 좋겠습니다. 좀 더 정확한 적성 검사는 한국직업능력개발원에서 운영하는 커리어넷(www.career.go.kr)과 워크넷(www.go.kr)을 이용하면 됩니다.

01
잘하는 것 vs 좋아하는 것

　2015년 국제학업성취도평가(PISA) 결과는 2012년 이후 국내 교육 현장의 문제를 고스란히 드러내 보였습니다. PISA 최하위권 비율이 2012년보다 3년 만에 두 배 이상 늘어났습니다. 이 충격적인 결과는 우리 교육 전반에 빨간 불이 켜졌음을 보여 줍니다.[1]

　필자는 전작《강남엄마의 정보력》에서 초등학교부터 포기하는 과목들이 나타난다고 얘기했습니다. 초등학교 5학년이 되면 '수학 포기자(수포자)'가 나오고, 중학교 1학년 때는 '국어 포기자(국포자)'가, 2학년 때는 '영어 포기자(영포자)'가, 3학년 때는 '사회 포기자(사포자)'와

---

1 표 4-1 2015년 국제학업성취도평가(PISA) 최하위권 비율 참조.

표 4-1 **2015년 국제학업성취도평가(PISA) 최하위권 비율**

한국	읽기	수학	과학
2012	7.60%	9.10%	6.70%
2015	13.60%	15.40%	14.40%
증감	6.0% ↑	6.3% ↑	7.7% ↑

'과학 포기자(과포자)'가 등장하기 시작합니다. 과목별 포기자가 생기는 이유는 그 교과의 수업 내용을 따라가지 못해서 흥미를 잃어버리는 데 있습니다. 초등학교 교육 과정과 연계되어 있는데도 중학교 교육 과정에서 진행될 내용들을 초등학교 때 충실하게 공부하지 못했기 때문에 생긴 결과입니다. 아이는 자신이 뭘 모르는지도 모른 채 넘어가고 부모는 아이가 빼먹은 부분은 앞으로 배워 가는 동안 채워질 거라고 막연히 생각했기 때문입니다.

부모가 아이를 관리하지 못해 학력이 떨어지는 상황은 부모의 책임이라고 할 수 없습니다. 학교와 국가의 책임입니다. 정부에서도 기초 학력 부진 학생에 대한 지원책과 재정을 확보하여 이 문제를 해결하고자 한다고 합니다. 기초 학력 부진 학생의 실력을 올리는 문제보다 더 시급한 것은 학력 중간층의 붕괴가 예고되고 있다는 점입니다. 한국의 2015년 PISA 과학 과목과 수학 과목 성적은 아직 상위권을 유지하고 있습니다. 과학보다 수학 성적이 더 우수한 것도 주목해야 합니다. 이 두 과목의 흥미도는 비슷한 수준으로 20위권

표4-2 2015년 국제학업성취도평가(PISA) 과학 성적 및 흥미도

2015년 OECD(과학 35개국, 수학 34개국) 기준

과학				수학			
성적		흥미도		성적		흥미도	
1	일본	1	멕시코	1	한국	1	멕시코
2	에스토니아	2	포르투갈	2	일본	2	터키
3	핀란드	3	캐나다	3	스위스	3	덴마크
4	캐나다	4	아이슬란드	4	네덜란드	4	칠레
5	한국	5	룩셈부르크	5	에스토니아	5	그리스
6	뉴질랜드	12	뉴질랜드	11	오스트리아	11	오스트리아
18	포르투갈	26	한국			28	한국
		28	일본	33	칠레	30	일본
35	멕시코	35	체코	34	멕시코	34	오스트리아

자료: 국제학업성취도평가(PISA)
출처: 연합뉴스 장혜진 기자(2017년 4월 13일)

입니다. 흥미로운 것은 수학과 과학 성적 35위인 멕시코입니다. 두 과목 모두 흥미도 1위입니다.[2] 그 이유를 알기는 어려우나 멕시코 아이들의 수학과 과학 흥미도를 보면 이 아이들이 이공계를 선호하겠구나 하는 생각이 듭니다.

---

2 표 4-2 2015년 국제학업성취도평가(PISA) 과학 성적 및 흥미도 참조.

미래 사회는 지금 당장의 학력 수준도 중요하지만 흥미도야말로 문제집착력과 문제해결력, 창의성에도 영향을 미치기 때문입니다. 새롭게 도입되는 문·이과통합교육과정의 핵심은 실생활 문제를 해결하면서 생기는 실패의 경험과 아이디어를 소중하게 여기는 교육입니다.

2015년 PISA '과학의 즐거움' 지수는 또 다른 충격을 줍니다. 과학 선진국들에 비해 과학 즐거움 지수가 뒷걸음치고 있기 때문입니다. 카이스트 재학생 중 일반고 출신 학생의 학점이 입학 때와 달리 졸업할 때쯤이면 눈에 띄게 좋아진다는 점에 주목해야 합니다.[3] 카이스트의 자기 주도적 교육 방식을 고려했을 때 좋은 교육 여건이 과학 공부의 흥미를 돋운다는 것을 알게 됩니다.

그림 4-1 **국제학업성취도평가(PISA) 과학의 즐거움 지수**

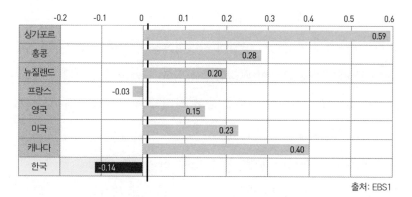

출처: EBS1

---

3 그림 4-1, 그림 4-2(162쪽), 2016년 12월 6일 EBS 뉴스 참조.

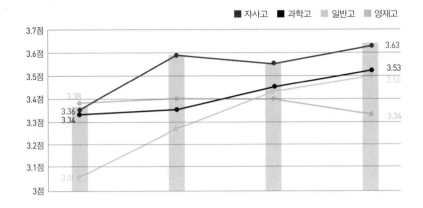

그림 4-2 카이스트 재학생 고교 유형별 학점 추이

■ 자사고 ■ 과학고 ▨ 일반고 ▨ 영재고

2000년에 들어서면서 학부모를 대상으로 실시하는 교육이 점점 늘어나고 있습니다. 학교와 지자체 등에서 1년에 몇 번씩 아이들 생활 지도나 진로 지도법 등을 교육합니다. 하지만 모든 학부모가 이 교육에 참여할 형편이 못 됩니다. 현장 수업에서는 아직도 지도교사가 부족하고 학생들이 수업에 적극적으로 참여하지 않습니다. 중학교가 재미있는 교실이 되려면 초등학교 교육이 현실화되어야 합니다. 초등학교 수업이 중학교 교육 과정에 직접적인 도움이 되지 않는 실정입니다.

1인 담임 체제로는 국어, 영어, 수학, 사회탐구, 과학탐구 과목의 실력을 키우기 어렵습니다. 초등학교 수업은 그 과목들을 배우면서 의사소통 교육(말하기, 듣기, 읽기, 쓰기)이 잘되도록 돕는 정도입니다.

하지만 중학교에서는 초등학교 때 과목별 전문 용어도 제대로 익히지 못한 아이들을 가르쳐야 합니다. 중3까지 국민이 기본으로 배워야 하는 교양 수준까지 가르치려면 속된 말로 교과서만 넘기기도 바쁩니다.

필자가 상담하면서 충격적인 경험을 한 적이 있습니다. 자유학기제 수업을 하는 중학교 1학년 아이였는데 관심 가는 과목이 없어서 공부가 싫고 그나마 체육은 해 볼 생각이 있다는 것이었습니다. 대학을 준비하려면 아직 멀었지만 체육교육학과에 진학하고 싶다는 뜻도 밝혔습니다. 필자는 상담전문가답게 그 아이가 대입을 준비할 때는 입시 전형이 어떻게 바뀔지 모르는 터라 일단 최근 경향에 대해 들려주었습니다. 요즘은 운동만 잘한다고 뽑는 것이 아니라 내신과 수능을 고려해서 선발한다니까 아이의 표정이 달라졌습니다. 당장 얘기는 하지 않았지만 부모님 말씀이 아이가 공부를 시작했다고 합니다.

아이들이 좋아하는 것을 선택할 때는 여러 가지 이유가 있으리라 따져 봐야 합니다. 좋아하는 이유가 재미있거나 노력하지 않아도 잘하기 때문일지도 모릅니다. 그것도 아니면 다른 공부보다는 할 만하다는 막연한 생각이 들어서이기도 합니다. 특정 분야의 자질을 타고나지 않은 이상 잘하려면 열심히 노력해야 한다는 것은 누구나 아는 얘기입니다. 하지만 기초가 부족하거나 특정 부분을 이해하지 못한 채 넘어가다 보니 잘할 수 있는 기회에서 멀어지며 조용히 포기하는 경우도 있습니다. 잘하는 것도 없고 좋아하는 것도 없는, 아무 생각 없어 보이는 아이들입니다. 이 아이들은 여기저기 기웃거리지만 이건 못해서 접고 저것은 또 다른 무언가가 안 되어 포기합니다. 이 아이들이 적극적으로 미래를 계획하려면 당장 하고 싶은 일을 하는 데 필요한 기초 교육도 병행해야 합니다. 수업 도달 목표는 좋아하는 분야를 찾고 그 분야와 관련된 다른 분야도 함께 공부하는 시간이 확보되는 정도여야 합니다.

핀란드 '비이키 티처 트레이닝 스쿨' 9학년 과학 교육을 보면 초등학교에서 배우는, 전구에 불을 밝히고 그 원리를 직접 그리는 과정을 거친 뒤에 전기회로와 관련된 응용 수업을 진행합니다. 우리는 수업할 내용이 많아서 그럴 시간이 없다고 하겠지만 그 학생들이 기본 개념을 다시 떠올리는 데 걸린 시간은 10분도 안 되었습니다. 우리 중학생들도 초등 과정과 연계된 기초 개념을 다시 한번 정리하고 진도를 나갔으면 좋겠습니다. 기본 개념이 서 있어야 응용을 위한 창의적 아이디어가 떠오를 수 있으니까요.

02
소프트웨어 vs 콘텐츠

지금 교육계의 화두는 인공지능과 경쟁해야 하는 시대에 우리 아이들은 무엇을 해야 하는가입니다. 미래가 어떻게 변화할지 확신할 수는 없으나 반복되고 복잡하며 위험한 일은 인공지능이 대체하고 인간은 창조적인 일을 할 거라고 생각합니다. 인간의 창조적인 일은 로봇과 구분되어야 하니 재미있고 가치 있는 일을 선호할 것입니다. 또한 로봇이나 인공지능은 생산하는 일을, 인간은 소비하는 일을 맡을 것입니다. 경제 활동을 하지 않고는 소비력을 가질 수 없기 때문에 인간의 적절한 노동 시간은 보장될 것입니다. 더불어 노동의 가치는 예전보다 높아질 것입니다. 인공지능의 영역을 확장하기 위해 각종 데이터를 개방하라는 요구가 거세질 테고, 정부 공공 데이터뿐만 아니라 클라우드 기반 트래픽이 활발하게 일어날 것입니다. 삼성폰을 쓰고 있으나 앱을 다운받을 때마다 구글 플레이어로 결제하여 개인 데이터는 구글이 장악하는 체계처럼 말입니다.

닥터 왓슨이 인공지능 본연의 업무를 하려면 한국인의 표준화된 의료 데이터가 필요하듯이 내 것도 내놓고 그들 데이터도 쓰는 오픈된 사회가 될 것입니다. 데이터가 오픈되고 구글 같은 플랫폼 기업이 제공하는 오픈소스를 통해 사용자가 늘어나면 그 빅 데이터를 이용한 새로운 소프트웨어들이 만들어지고 더 빠르게 미래 사회로 진입할 것입니다. 페이스북 CEO가 문재인 대통령을 만나고 싶어 하는 이유는 녹록하지 않은 한국 사회의 데이터 규제 때문일 것입니다. 아직 휴전 중인 나라의 데이터는 안보와 직결되기 때문에 부담스러운 제안일 수 있습니다. 하지만 이전보다는 규제가 풀릴 것으로 예상됩니다.

대학에서는 앞으로 소프트웨어 분야의 인재가 많이 필요하다고 판단하여 관련 대학의 정원을 늘리기 위해 다른 학과의 정원을 줄이거나 폐과하는 조정 작업이 일어나고 있습니다. 그 영향으로 고등학교 인문 계열 진학자가 눈에 띄게 줄어들고 있습니다. 2018년부터 코딩 교육을 실시한다고 하자 학부모들은 더욱 초조해집니다. 《데이터 마이닝 포 더미스(Data Mining For Dummies)》의 저자 메타 브라운은 코딩은 단순 작업이어서 직업이 될 수 없고 코딩 같은 컴퓨터 프로그래밍을 배워 엔지니어, 개발자, 프로그래머가 되는 것이라고 말합니다. 이들 분야에서 요구하는 사항은 기업이나 직책에 따라 달라지는데 전문 기술이 필요한 경우도 있다고 합니다. 미국의 IT 기업들이 코딩 이외의 전공과 경력을 중시한다는 점도 강조했습니다.[4]

소프트웨어 개발보다 콘텐츠가 더 중요합니다. 기술력이 진화하면서 소프트웨어를 쉽게 만드는 또 다른 소프트웨어가 나오기 때문에 창의적인 콘텐츠가 더 강조될 것입니다. 창의적인 콘텐츠 개발은 전문 지식에 기반을 두고 있습니다. 아이디어가 샘물처럼 퐁퐁 솟아나는 인재가 필요합니다. 콘텐츠 분야는 인간이나 사회에 대한 연구 데이터가 필요합니다. 빅 데이터를 이용한 인간의 행동 패턴과 다양한 태도 분석 및 인간의 심리, 철학적 사고와 관련된 사회현상에 대한 연구는 기술 중심 사회에서 더 많이 필요해질 것입니다. 뇌 연구를 통해 인간을 과학적으로 탐구한다고 하지만 완벽하게 이해하려면 아직도 갈 길이 멀기만 합니다. 인문학적 소양을 강조하는 이유이기도 합니다.

미래 사회는 인문학자나 사회학자들이 하는 얘기를 인문학적 소양을 바탕으로 이해하는 과학자들이 함께 만들어 갈 것입니다. 어느 분야가 더 전망 있다고 말할 수 없는 것은 사회에서 일어나는 여러 가지 문제를 팀워크를 통해 해결해야 하기 때문입니다.

---

4 황민규, 〈코딩만 배우지 마세요.-코딩 열풍 속 회의론 제기〉, 《조선비즈》, 2017년 5월, 28일.

03

천재 vs 팀 프로젝트

구글이나 아마존 같은 플랫폼에서 제공하는 오픈소스는 놀라운 효과를 냅니다. 이제 기업은 R&D 투자 비용을 덜 들이고도 자신들의 오픈소스를 이용하는 사용자들에 의해 새로운 기술이나 결과를 얻게 됩니다. 천재 혼자서 10년 넘게 해야 할 일을 팀 프로젝트처럼 세계의 전문가들이 달려들어 해결해 버리는 시대입니다. 천재는 필요하지만 팀으로 할 수 있는 일이 더 효율적인 결과를 내놓습니다. 자신들의 연구를 공유하여 시간과 비용을 줄이고 해결의 실마리를 더 빨리 찾아내자는 분위기가 대세를 이루고 있습니다.

이런 시기에 우리 아이가 다른 사람과의 소통을 어려워하며 자기 혼자서 해결할 때까지 기다리라고 한다면 어떻게 해야 할까요? "내가!"를 외치는 꼬마 시절에는 그저 귀여워 기다려 주었으나 하루가 다르게 변화하는 세상을 살아가려면 다른 이들과 소통하는 연결고리를 만들 수 있도록 지도해야 합니다.

아이가 잘하는 것이나 좋아하는 것이 있다 하더라도 세상과의 연결고리는 있어야 합니다. 소프트웨어나 콘텐츠 아이디어가 퐁퐁 떠올라도 세상과 동떨어진 것이 아니어야 합니다. 자존심이 강하고 다른 사람의 얘기는 도통 듣지 않는 아이라면 세상을 향한 연결고리를 만들 수 있도록 얘기를 나누어야 합니다. 자기 생각은 없고 남의 일에만 관심이 많은 아이라면 생각은 어떻게 하는 것인지, 사람과의 관계는 어떻게 맺는 것인지 얘기해 줘야 합니다. 무엇을 해야 할지 몰라서 사는 재미가 없는 아이라면 자신과의 대화를 통해 목표를 정하도록 도와줘야 합니다. 부모 세대는 각자 알아서 그 방법을 찾았지만 우리 아이들이 만나는 사회는 소통의 사회입니다. 소통의 사회에서 살아가는 법을 아이들과 함께 연구한다면 좋은 추억거리를 만들며 존경받는 부모가 되리라 확신합니다.

04

개인 성향과 적성 판별

이번 장에서는 우리 아이의 성향과 적성이 어떤지 구체적으로 알아보겠습니다. '성향과 적성 판별키'는 필자가 11년 동안 상담하면서 얻은 정보를 정리한 것으로 생활 지도와 학습 지도, 의사소통 지도를 위해 유형을 나눠 놓았습니다. 필자가 제시할 지도법과 관련된 유형이므로 모든 아이에게 적용하기엔 다소 부족한 점이 있다는 것을 다시 강조합니다. 판별키를 통해 우리 아이와 유사한 유형을 정하고 지도하는 데 참고하기 바랍니다.

성향과 적성 판별키는 크게 성향 분석과 성별 및 가족 사항, 적성 사항으로 나누어 조사합니다. 성향 분석은 개인적 특징과 사회적 특징으로 나누어 보았습니다. 개인적 특징은 이해력, 기억력, 창의력,

의사소통 능력, 자존감, 사고력(주관적, 객관적), 리더십, 학습 능력, 공감 능력, 공간지각력, 논리력, 현실 직면(회피) 등을 평가합니다. 사회적 특징은 공감 능력, 자존감 범위, 의사소통과 자존감, 의사소통과 공감 능력, 리더십, 창의력, 이해력 등을 알아보겠습니다. 성별이나 가족 사항은 사춘기, 성별, 형제 서열이 태도에 미치는 영향을 알아보기 위한 항목입니다. 적성 관련 사항은 수학이나 과학, 사회, 예체능 선호도와 탐구활동 여부를 조사하기 위해 필요합니다.

5장에서는 이 세 부분을 각각 유형별로 나누어 교육 과정에 잘 적응할 수 있는 지도법을 제시하겠습니다.

성향과 적성 판별키

A-1. 성향 분석(개인적 특징)

② 아이가 기억력이 좋다고 생각하나요?

❶ 예   ❷ 아니요

② 아이는 어떤 식으로 한글을 배웠나요?

❶ 낱글자형(자음과 모음을 이용한 퍼즐식)

❷ 통글자형(이미지 카드)   ❸ 혼자서 깨우침

⑨ 아이가 책을 읽을 때 글쓴이의 생각을 말할 수 있나요?

　❶ 예　　　❷ 아니요

⑨ 아이가 다른 사람의 평가에 관심이 있나요?

　❶ 예　　　❷ 아니요

⑨ 아이가 영어 단어나 한자를 잘 외우나요?

　❶ 예　　　❷ 아니요

⑨ 아이가 어려운 낱말이나 사자성어를 잘 아나요?

　❶ 예　　　❷ 아니요

⑨ 학교에서 일어난 일을 잘 얘기하나요?

　❶ 아니요　　　❷ 예

⑨ 아이가 자기 얘기를 할 때 어떤 식으로 하나요?

　❶ 아이가 무슨 얘기를 하는지 이해하려면 여러 번 다시 물어야 한다.

　❷ 이해하기 쉽게 잘 얘기한다.

　❸ 몇 번이나 물어도 얘기하지 않는다.

⑨ 시험에서 다른 아이들은 쉽다고 하는 문제를 잘 틀리나요?

　❶ 예　　　❷ 아니요

❓ 아이가 시험이 끝난 뒤 틀렸다고 한 것보다 실제로는 더 틀리나요?

　❶ 아니요　　❷ 예

❓ 아이가 자기 얘기만 한다는 생각이 드나요?

　❶ 예　　❷ 아니요

❓ 아이는 일기를 어떤 식으로 쓰나요?

　❶ 그날 일어난 일을 그대로 나열하듯이 길게 쓴다.

　❷ 느낀 점이 '좋았다'처럼 단순하다.

　❸ 느낀 점을 다양하게 표현한다.

　❹ 일기를 길게 쓰는 것을 부담스러워한다.

❓ 남의 말을 듣는 태도는 어떤가요?

　❶ 귀 기울여 듣지 않는다.

　❷ 귀 기울여 듣는다.

❓ 시험 범위까지 공부했는데도 틀린 문제에 대해 뭐라고 해명하나요?

　❶ 기본 개념을 더 공부해야겠다.

　❷ 문제가 공부하지 않은 부분에서 나왔다.

❓ 실패했을 때나 원하는 걸 성취하지 못했을 때 누구의 책임이라고 얘기하나요?

❶ 남(다른 사람이나 환경)　　　❷ 자신

❓ 궁금한 것이 생기면 주로 어떻게 해결하나요?

❶ 혼자서 알아본다.

❷ 주변(부모님, 선생님, 친구 등)의 도움을 받는다.

❸ 그냥 놔둔다.

❓ 남들이 나에 대해 어떻게 생각하는지 관심이 없는 편인가요?

❶ 예　　　❷ 아니요

❓ 생각이 많거나 꼬리를 물고 계속 생각하는 편인가요?

❶ 예　　　❷ 아니요

❓ 실패를 두려워하나요?

❶ 예　　　❷ 아니요

A-2. 성향 분석(사회적 특징)

❓ 친구들과 놀 때 어떤 태도를 보이나요?

❶ 친구들에게 자신이 하고 싶은 것을 같이 하자고 한다.

❷ 친구들과 어울리지 않고 혼자 논다.

❸ 다른 친구들과 놀다가 나만의 놀이를 하는 편이다.

❹ 다른 친구들이 제안하는 놀이를 따라 한다.

❺ 친구들과 어울리지 않고 지켜본다.

❓ 교실에서 친구들이 시끄럽게 떠들면 우리 아이는 어떤 반응을 보이나요?

❶ 신경 쓰지 않고 혼자서 하던 일을 한다.

❷ 조용히 하라고 소리치지만 친구들 반응이 없으면 더 이상 얘기하지 않는다.

❸ 조용히 하라고 소리쳤는데도 계속 떠들면 교사에게 떠든 아이들 이름을 알려 준다.

❹ 조용히 하라는 친구가 있어도 친구들과 얘기하는 것을 좋아한다.

❺ 친구들이 떠드는 모습을 지켜본다.

❓ 많은 아이들 앞에서 얘기하는 것을 좋아하나요?

❶ 예   ❷ 아니요

❓ 아이가 발표를 잘하나요?

❶ 아는 내용이면 발표한다.   ❷ 시키면 발표한다.

❸ 관계없는 내용도 얘기한다. ❹ 시켜도 발표하지 않는다.

⑦ 모둠활동 때 우리 아이의 역할은?

❶ 리더형　　　**❷** 협조형　　　**❸** 무관심형

⑦ 모둠별로 역할이 주어지면 어떤 역할을 하나요?

❶ 내가 잘하는 일　　　**❷** 다른 친구들이 안 하려는 일

❸ 아무것도 안 한다.

⑦ 모둠활동 때 아이디어를 잘 내나요?

❶ 예　　　**❷** 아니요

⑦ 집중력이 있나요?

❶ 예　　　**❷** 아니요

⑦ 아이가 길을 걸을 때 주변을 돌아보지 않고 건나요?

❶ 예　　　**❷** 아니요

⑦ 남의 기분을 잘 맞춰 주는 센스가 있나요?

❶ 아니요　　　**❷** 예

	1번 답 개수	2번 답 개수
A-1		
A-2		

A-3. 문항별 평가 내용

A-1과 A-2 질문을 통해 개인적 특징과 사회적 특징을 중심으로 성향을 나누어 보았습니다. 1번 답 횟수가 많았다면 '정보탐색형 아이'로 생각하고, 2번 답 횟수가 많았다면 '스토리형 아이'로 생각하면 됩니다.

문항	A-1. 성향 분석 (개인적 특징)	A-2. 성향 분석 (사회적 특징)	A-1, A-2. 성향 유형	
1	학습 능력	공감 능력	1. 예	정보탐색형
2	이해력	자존감 범위	2. 아니요	스토리형
3	사고력(주관적)	의사소통+자존감		
4	자존감	의사소통+공감 능력		
5	학습 능력	리더십		
6	학습 능력	공감 능력		
7	의사소통	창의력		
8	의사소통	이해 능력		
9	사고력(객관적)	공감 능력		
10	기억력	공감 능력		
11	의사소통			
12	논리력			
13	공감 능력			
14	이해 능력			
15	현실 회피(직면)			
16	현실 회피(직면)			
17	사고력(주관적)			
18	창의력			
19	자존감			

B. 성별 및 가족 사항

⁇ 아이의 성별은 무엇입니까?

　❶ 남자　　　❷ 여자

⁇ 아이는 몇 학년인가요?

　❶ 초 1~4　　　❷ 초 5~6　　　❸ 중학생　　　❹ 고등학생

⁇ 형제가 있나요?→남학생만 대답해 주세요.

　❶ 남자 형제 중 맏이　　　❷ 남자 형제 중 막내

　❸ 남매 중 맏이　　　❹ 남매 중 막내　　　❺ 외동

B-1. 문항별 평가 내용

B. 성별 및 가족 사항은 남자 아이와 관련된 내용을 설명할 때 참고하는 내용입니다.

문항	B. 성별 및 가족 사항	B-1. 평가 내용	
1	성별	1. 남자	남자
2	학년(사춘기 여부)	2. 여자	여자
3	형제 서열	1. 초 1~4	
4		2. 초 5-6	초등 사춘기
5		3. 중학생	중등 사춘기
6		4. 고등학생	고등 사춘기
7		1. 남자 형제 중 맏이	상위 서열 1
8		2. 남자 형제 중 막내	상위 서열 2
9		3. 남매 중 맏이	상위 서열 3
10		4. 남매 중 막내	상위 서열 4
11		5. 외동	상위 서열 5

C. 적성 관련 사항

다음을 읽고 답한 다음 제시된 번호로 이동해 주십시오.

? 예체능(음악, 미술, 체육) 쪽에만 관심이 있나요?

❶ 예→2번으로   ❷ 아니요→3번으로

? 예체능 쪽 중 어디에 관심이 많나요?

❶ 음악 관련   ❷ 미술 관련   ❸ 운동 관련

❹ 무용 관련   ❺ 연예 관련

? 성적과 관계없이 수학을 재미있어하나요?

❶ 예   ❷ 아니요

? 성적과 관계없이 과학을 재미있어하나요?

❶ 예   ❷ 아니요

? 동물이나 식물을 관찰하는 걸 좋아하나요?

❶ 예   ❷ 아니요

? 사회 이슈와 관련된 뉴스를 궁금해하나요?

❶ 예   ❷ 아니요

? 실제 현상을 과학적으로 설명해 주면 재미있어하나요?

1 예   2 아니요

? 역사나 이야기를 좋아하나요?

1 예   2 아니요

? 만들기나 꾸미기, 그리기에 관심이 있나요?

1 예   2 아니요

? 과학 실험을 좋아하나요?

1 예   2 아니요

? 수업과 관련해 조사하는 걸 좋아하나요?

1 예   2 아니요

? 예습과 복습 중 고르라고 한다면 아이에게 맞는 타입은?

1 예   2 아니요

C-1. 적성 관련 문항별 평가 내용

적성 관련 질문에서 예체능 분야에 관심 있는 아이들을 제외하기 위해 문항 1, 2를 제시했습니다. 예체능 분야는 타고난 재능의 문제도 있어 필자가 판단하기 어려운 터라 안타깝게도 분석에서 제외했으니 양해해 주십시오. 하지만 아이가 어느 분야의 예체능에 관심을 보이는지는 알 수 있습니다. 앞으로 분석할 내용이 문과와 이과 중심이어서 3번부터는 사회, 과학, 수학 등 과목에 대한 호감도 조사였고, 아이가 그 분야에 대해 실제로 탐구활동을 하는지 알아보기 위함이었습니다.

문항	C. 적성 관련 사항	C-1. 평가 내용
1	예체능 우선	예체능
2	예체능 선호 분야	예체능 선호 분야
3	수학 호감	수학 호감
4	과학 호감	과학 호감
5	생물 호감	생물 호감
6	사회 호감	사회 이슈 관심
7	과학적 탐구	자연과학적 사고
8	사회적 탐구	사회과학적 사고
9	구성, 창의성	구성, 창의성
10	과학 실험 호감	자연과학적 사고
11	수업 자료 조사	수업성실도
12	학습 타입(예습 · 복습)	학습 타입

제5장

문과·이과 적성별 지도,
내 아이를 위한 두 번째 멘토링

INTRO

　이번 장에서는 4장에서 조사한 '성향과 적성 판별키'로 나눈 유형에 따라 새로운 교육 과정에 맞는 학습 지도와 미래 설계 분야로 나누어 지도하는 아이디어를 제공할 생각입니다.

　먼저 각 분야와 관련된 질문지를 통해 파악된 성향에 대해 간단히 소개하겠습니다. 질문에 대답한 이유와 특성을 분석하다 보면 아이의 성향이 드러납니다. 두 번째는 판별키를 이용하여 이런 성향의 아이는 이럴 때 어떻게 지도해야 할지 고민이 생길 때마다 도움받을 수 있는 조언을 하겠습니다. 세 번째는 학습 지도에 대해 다룹니다. 학습 지도에서는 성향별 학습 지도와 교육 내용별 학습 태도, 성향별 문과·이과 선택 기준을 다루고 인문·사회, 과학 소양을 가진 창의 인재 육성을 위한 아이디어에 대해 얘기하겠습니다. 마지막으로 인공지능 시대를 살아갈 우리 아이들을 위한 미래 설계 전략을 다루어 보겠습니다.

01

정보탐색형 아이 vs 스토리형 아이

성향 분석은 크게 개인적 특징과 사회적 특징으로 나누어 질문했습니다. 개인적 특징은 학습 능력, 이해력, 사고력(주관적, 객관적), 자존감, 의사소통, 기억력, 논리력, 공감 능력, 현실 회피(직면), 창의력 분야에 대해 질문했습니다. 사회적 특징은 공감 능력, 자존감 범위, 리더십, 창의력, 이해력을 중심으로 알아보았습니다.

성향 분석 문항별 질문이 달랐음에도 불구하고 ❶을 많이 대답한 경우는 '정보탐색형' 아이입니다. ❷를 많이 답한 경우는 '스토리형' 아이입니다. 필자는 전작 세 권에서 이 아이들의 특징을 강조하고 성향별 지도법을 소개했습니다. 이번에도 극단의 두 부류로 성향을 나누어 아이들을 이해하고 소통하는 방법을 다루었습니다.

정보탐색형 아이

문항을 중심으로 정보탐색형 아이의 특징을 얘기하겠습니다. 정보탐색형 아이는 무표정한 얼굴이 많습니다. 웃음 띤 얼굴을 보기 어렵습니다. 딱딱한 이미지가 많습니다. 개인적 특징에서 보면 자존감이 높고 학습 능력, 논리력, 이해 능력, 기억력, 창의력이 좋습니다. 어려운 낱말이나 사자성어에 대해 배우는 걸 즐기고 곧잘 사용합니다. 한글을 깨칠 때 글자 카드보다 ㄱ과 ㅏ가 만나 '가'가 된다는 식으로 퍼즐 맞추듯이 한글의 자음과 모음을 가지고 글자 만드는 방법을 설명해 주면 반나절 만에 깨우치는 똑똑한 아이입니다.

그런데 이해하기 힘들 때가 있습니다. 이 똑똑한 아이는 시험에서 다른 아이들이 다 맞히는 문제를 틀리고도 그 이유를 모릅니다. 시험을 보면 자기가 틀린 문제를 정확히 기억하는데도 말입니다. 시험공부를 다 했는데도 정답을 맞히지 못하면 자신은 기본 개념이 부족하다고 말합니다. 시험공부를 하는 동안 여러 번 풀어 보고 틀리지도 않았는데 기본 개념을 더 공부해야겠다는 아이의 말이 이해가 안 됩니다. 이 아이는 드러내지는 않지만 실패를 두려워합니다.

생각이 많고 끝이 없어서 뭔가 결정 내리기를 기다리다 보면 부모의 속은 숯검정이 됩니다. 기다리다 지쳐 부모가 확 끌어당기면 처음에는 힘들어해도 곧잘 따라 줘서 계속 그렇게 결정하고 진행하는 일이 많습니다. 하지만 실패했을 때는 아이 본인의 잘못이 아니라 부모나 친구 혹은 다른 누군가의 탓이 됩니다. 자기가 잘못했다고 말하는 것을 싫어합니다. 이런 성향 때문에 잘못했다는 얘기를 들을 때까지 반성하라는 사람을 만나면 충돌하기도 합니다. 다른 방법으로 잘못을 인정받는 것이 현명합니다. 예를 들어 "잘못했다는 생각이 들면 와서 손 잡아 봐!"라고 한다면 얼른 뛰어와 손을 잡습니다. 사춘기 아이에게는 "미안하면 엄마 어깨라도 주물러 봐!"라고 해도 억지로 웃습니다. 서로 간의 불편한 마음을 푸는 방법을 모르니 대신 제시해 줘야 합니다. 아이는 다른 사람이 자기를 어떻게 평가하는지는 관심이 많으나 어떻게 생각할지는 관심이 없습니다.

또 남의 얘기를 귀 기울여 듣지 않습니다. 책을 읽을 때도 글쓴이의 생각에 관심이 없어 주제를 벗어나게 얘기할 때도 있고 내용을 잘 말하지만 전체를 요약하기보다 자기가 흥미 있는 얘기를 하고 싶어 합니다. 자신의 얘기를 할 때 몸통만 얘기해서 아이가 무슨 얘기를 하는지 알려면 여러 번 되물어야 합니다. 친구나 교사에게도 마찬가지여서 오해를 잘하거나 오해를 잘 받는 타입입니다. 아이가 학교생활에 대한 얘기를 잘하는 편은 아니지만 불만이 있는 경우 가만히 듣다 보면 자신의 얘기만 한다는 생각이 듭니다.

남과 얘기하는 것을 싫어하지는 않습니다. 일기 쓴 것을 보면 뛰어난 기억력에 다시 놀랍니다. 글을 읽다 보면 현장에서 보고 있는 느낌이 들 정도로 그날 있었던 일을 그대로 씁니다. 하지만 느낀 점을 쓰라고 하면 부담스러워하며 잘 표현하지 못합니다. 하지만 알게 된 점이나 발견한 점을 쓰라고 하면 몇 장이라도 신나게 씁니다. 논리력이나 분석력이 뛰어나 날카롭게 지적할 때도 있어서 부모가 아이의 논리에 지기도 합니다. 자신의 생각을 고집하지만 가만히 들어보면 일리가 있어 아무 말도 못 할 때가 있습니다.

이 아이의 뛰어난 특징 가운데 주목해야 할 점은 불친절한 의사소통, 주관적 사고 부분과 현실 회피 부분입니다. 불친절한 의사소통은 주관적 사고에서 비롯된 것인데 남들도 자기처럼 생각하는 줄 알고 대처하기 때문입니다. 몸통만 얘기해도 알아듣겠지, 하여 친절하게 구체적으로 설명하지 않습니다. 듣는 사람이 가만있으면 알아들었다고 생각하지만 나이가 어린 또래 집단일수록 친구들은 대부분 잘 못 알아듣는 경우가 많습니다.

문제가 생겼을 때의 태도도 고려해야 합니다. 실패하면 자신보다 남의 탓을 하는 편입니다. 자기 잘못을 인정하기 싫어하기 때문인데, 남의 도움을 받기보다 자신이 알아서 해결하려는 태도도 보입니다. 혼자서 해결하려고 할 수 있는 데까지 해 보다가 결국 포기합니다. 이런 태도는 문제해결력이나 문제집착력에 영향을 미쳐 자기가 할 만한 것만 하려고 하거나 처음에는 적극적이다가 어느 날 갑자기 하기 싫다고 합니다. 적극적으로 하려고 해서 열심히 할 줄 알았는데 안 하니까 난감한 상황이 생기기도 합니다. 그러나 아이는 자기가 언제 하려고 했느냐며 회피하거나 더 이상 할 생각이 없다고 단호하게 말합니다.

아이가 이런 태도를 보이는 이유는 실패할 것 같은 생각이 들었거나 해 봤자 안 될 거라는 판단이 섰기 때문입니다. 이 성향을 완벽하게 고치기는 어렵습니다. 노력한다면 완화시킬 수는 있는데 아이가 싫다고 할 때는 그 이유부터 얘기해 봐야 합니다. 공부라면 실력이 부족해서 이해가 안 되거나 어려운 부분이 있는 것이고, 대회에 나가는 경우라면 잘 못할 것 같은 막연한 두려움이 생긴 것입니다. 이런 성향을 염두에 두고 문제에 대처해야 합니다. 이 아이는 걱정이 생기면 늘 얘기합니다. 뜬금없이 질문할 때가 있는데, 분명 중요한 걱정거리가 있을 테니 왜 그런 것을 묻는지 관심을 가지고 되물어야 합니다. 별일 아니라고 넘기면 얼마 후 큰 문제로 돌아옵니다.

의사소통은 말하고 듣고 읽고 쓰는 것입니다. 이 아이는 말하기를 즐기나 남의 얘기에 귀 기울이지 않으며 불친절하게 몸통만 얘기하고 상대의 수준에 맞추어 얘기하는 편입니다. 상대의 수준을 정하는 것도 아이 자신이므로 사람에 대한 편견이 있다고 봐야 합니다. 상대의 입장을 고려해서 말하거나 듣지 않을 때가 있어 오해를 받기도 하고 오해를 하기도 합니다. 해결 방법은 평상시 '역할놀이'를 통해 다른 사람의 생각을 고려하고 상황을 이해하는 훈련을 하는 것입니다. 학교에서 친구들하고 싸웠다면 교사의 생각, 싸움 당사자 A와 B, 다른 반 친구들이라면 어떻게 생각했을까 하고 되물어 아이가 부모에게 얘기하는 동안 상황을 이해할 수 있어야 합니다. 성격이 쿨해서 다른 사람의 지적이 논리적으로 이해되면 금세 받아들입니다. 반면 뒤에서 소곤거리면 남들이 어떻게 생각할지 관심이 없는 터라 아무 문제 없다고 여길 수 있습니다. 불만이 드러나고 일리가 있으면 받아들이되 직접 얘기하지 않으면 아무 문제 없다고 생각하는 스타일이어서 친구들 사이에 호불호가 나뉩니다.

이 아이는 타인의 생각에 관심이 없기 때문에 의사소통 중 읽기 부분에서 독서 활동을 통한 주제 찾기나 요약하기 훈련이 필요합니다. 글쓴이의 생각은 관심 없고 자기가 흥미 있는 부분만 기억하는 습관이 생긴다면 주제 파악이 정확하거나 틀리는 기복이 심합니다. 특히 시 해석에 취약합니다. 시어는 작가의 은유적 표현이므로 시 배경을 공부하지 않고 읽기만 하면 자의적으로 이해하게 됩니다. 소설도 시대 배경이 있는 작품이면 미리 공부하고 읽어야 합니다.

직접적이든 간접적이든 직접 경험하지 않은 내용은 다른 사람들처럼 생각하지 않는 경우도 있습니다. 고학년이 될수록 나아지기는 하지만 남들은 당연하게 맞히는 문제를 틀리기도 합니다. 생각이 많거나 꼬리를 무는 것은 좋아 보이지만 때론 주관적인 사고에 머물러 자기 식으로 해석하거나 생각해 버리는 경우가 생깁니다. 이 정도는 누구나 알겠지 하고 생각하여 말하거나 글을 쓴다면 남들은 이해하기 어렵습니다. 당사자는 남들이 얘기하지 않는 이상 그 상황을 모릅니다. 자기가 왜 다른 사람들의 생각에 맞춰야 하는지 이해가 안 된다고 말하기도 합니다. 도덕적 시비를 가리는 일이 가장 어렵습니다. 자기 생각에는 문제가 없는데 왜 남들의 생각에 따라야 되느냐는 얘기까지 나올 수 있습니다. 이 부분은 어릴 때 사회구성원의 역할과 책임, 의무에 대해 잘 지도해 주어야 합니다.

의사소통 중 쓰는 부분에 대해 얘기하자면 글의 구성력이 떨어진다고 보입니다. 일기나 작문 등을 보면 아는 것도 많고 하고 싶은 얘기도 많다는 생각이 들지만 자세히 들여다보면 뛰어난 기억력을 보여 주는 것 외에는 없습니다. 자기 생각을 드러내더라도 읽는 사람이 납득하게끔 잘 설명해 주는 것이 아닌 데다 알아낸 사실이나 발견한 점을 쓰기 전에는 심심한 글입니다. 관심사가 독특하다는 점은 인정할 만합니다. 그런데 글 구성을 보면 서론의 문제 제기는 눈에 띄지만 본론에서 예를 들어 가며 자기 주장을 뒷받침하는 내용은 반복적이고 결론은 대안 없이 간단합니다.

이 아이는 생각이 많거나 끝이 없어서 한번 생각에 사로잡히면 스스로 끝내지 못합니다. 여러 가지 생각이 계속 이어져서 결론을 내기가 어렵습니다. 생각이 끝나는 것은 새로운 생각거리(New One)가 등장할 때입니다. 생각할 것의 우선순위가 최근 고민거리로 대체됩니다. 고민이 해결된 게 아니고 잠시 접어 둔 것입니다. 결론을 내지 못합니다. 그래서 이 아이들은 '생각 접었다 펴기' 훈련이 필요합니다. 당장 결론 내지 않은 경우 생각의 끝자락을 기억하여 다음에 다시 생각할 때 시간을 버는 방법입니다.

아이가 생각하는 중이라고 말하지 않으면 부모 눈에는 '멍 때리기'로 보이기도 합니다. 부모가 묻기 전에는 스스로 얘기하는 일이 드물어 무슨 생각을 하고 사는지 모를 때가 많습니다. 현실적인 생각보다 철학적인 생각을 하거나 호기심이 생긴 부분을 고민하는 시간이 많습니다. 때론 생각이 시간과 장소를 구분하지 않아 수업을 듣는 듯해도 딴생각을 하거나 책을 읽다가도 딴생각에 빠집니다. 한마디로 보이는 게 전부가 아닙니다. 문제가 생겨도 본인이 해결하겠다고 하는데 늘 하던 식이라 해결이 쉽지 않습니다. 도와주고 싶어도 혼자서 해결해 보겠다고만 합니다. 본인이 안 된다고 얘기하면 적극적으로 의논해서 대책을 강구해야 할 만큼 큰 문제일 때도 있습니다. 공간지각력이 부족해 관련된 수업에서 어려움을 겪기도 합니다. 경우의 수를 따지거나 입체도형, 3차원적 인식 구조(상황 이해) 등 전체를 조망하는 사고 훈련은 오랜 시간이 필요합니다. 처음에 가르칠 때, 다른 사람들은 여기까지 생각한다는 것 전체를 보여 줘야 응용할 수 있습니다. 혼자서는 전체를 생각하지 못합니다.

성향 분석에서 사회적 특징 중 공감 능력은 사람이나 주변 환경에 대한 평가입니다. 친구들과 놀 때 자신이 제안하고 놀거나 자신의 의견에 아이들이 동의하지 않으면 혼자서 놀아 버립니다. 다른 친구들과 놀다가 나만의 놀이를 하는 경우도 있는데, 자신이 제안한 놀이에 아이들이 관심을 보이다가 다른 놀이를 하기 때문입니다. 자기중심으로 활동하려고 하기 때문에 친구들과 공감대를 형성하는 게 쉽지는 않습니다.

모둠활동에서는 리더형이나 무관심형으로 드러납니다. 많은 아이들 앞에서 얘기하는 걸 두려워하지 않으나 공감을 끌어내는 얘기를 잘하는 편은 아닙니다. 발표력을 보면 아는 내용이면 발표하는데 기회를 줘도 발표하지 않는 경우가 있습니다. 발표하지 않는 이유는 자신이 웃음거리가 되는 게 싫기 때문입니다. 다른 사람의 평가에 관심이 많아 자기 스스로 웃음거리가 되는 상황은 만들지 않으려고 애씁니다. 한 사람의 평가라도 좋지 않은 것은 심각하게 고려합니다. 설령 장난삼아 한 얘기라도 마음에 둡니다. 뒤끝이 있는 아이입니다. 모둠별로 맡는 역할은 자신이 잘하는 걸 하거나 할 수 없이 떠맡은 일을 해야 할 경우가 아니면 아무것도 안 하려고 합니다.

모둠활동 아이디어는 잘 내는 편입니다. 하지만 맨 처음에 내지는 않습니다. 다른 사람들의 의견 수준을 들어 보고 맞추는 식입니다. 집중력이 있으나 관심 가는 일에만 집중하고 관심이 없으면 무관심한 태도를 보입니다. 남의 기분을 맞춰 주지도 않습니다. 다른 사람의 입장을 이해할 때도 자신이 직간접적으로 경험하지 않고서는 공감 능력이 생기지 않습니다. 직간접 경험을 모두 할 수 있는 것은 아니니 아이에게 그 상황에 처해진 사람들이 되어 보는 '역할놀이'를 권합니다. 다른 사람의 생각에 대해 얘기해 보는 과정에서 상황과 그들에 대한 이해가 생기게 됩니다.

정보탐색형 아이는 지리 감각이 좀 떨어지는 듯 보이기도 합니다. 길을 걸을 때도 앞만 보고 걸을 뿐 주변을 잘 안 돌아봅니다. 주변 환경에 관심이 없어서 생활형 경험이 부족합니다. 또 공간지각력에서도 약한 면을 보이기 때문에 전체를 조망하도록 시야나 생각을 확장하는 기회를 주어야 합니다. 그래프나 지도 보기에도 취약한 터라 생활 속에서 다양하게 경험하도록 도와줘야 합니다.

정보탐색형 아이에게 '자존감의 범위'는 매우 중요합니다. 자존감의 범위는 필자가 규정한 개념으로 자신이 동일시하거나 관여해야 한다고 생각하는 관계의 범위를 말합니다. 학교에서의 자존감 범위는 자신일 수 있고 반 친구, 교사와 학교일 수도 있습니다. 우리 반 아이나 우리 학교 아이가 문제를 일으켜 다른 사람들이 비난하면 마치 자신의 잘못인 양 부끄러워지기 때문에 자기 일처럼 관여하고 싶어지는 것입니다. 성향 분석 문항 중 '교실에서 친구들이 시끄럽게 떠들면 우리 아이는 어떤 반응을 보이나요?'라는 질문으로 알아보았습니다.

크게 세 가지 수준에 해당되는데 1차적으로 '신경 쓰지 않고 혼자서 하던 일을 한다' 범위의 자존감은 '마이 웨이형'으로 누군가 건드리지 않는다면 자기 할 일만 하는 아이입니다. 교실에서 무슨 일이 일어나도 자신과 관계없으므로 신경 쓰지 않고 자기 일만 하는 아이입니다. 이 아이는 인사도 잘하지 않습니다. 자신은 눈이 마주치면 아는 척했다고 생각하기 때문에 다른 사람들이 모르는 척한다고 오해할 줄은 꿈에도 생각하지 않습니다. 마음속으로 '안녕'이라고 했기에 인사했다고 생각하는 것입니다. "안녕!"하고 소리 내어 인사해야 상대가 알아듣는다는 걸 생각하지 못합니다. 자기가 했다면 한 것입니다.

2차적 범위는 '조용히 하라고 소리치지만 친구들 반응이 없으면 더 이상 얘기하지 않는다'입니다. 이 아이는 교실에서 일어나는 일을 통제하고 싶어 합니다. 하지만 친구들이 이내 다시 시끄러워지면 더 이상 문제 상황을 만들고 싶지 않아서 포기해 버립니다.

3차적 범위에 있는 아이는 '조용히 하라고 소리쳤는데도 계속 떠들면 교사에게 떠든 아이들 이름을 알려 준다'에 해당됩니다. 이 아이는 자신이 교실 전체를 통제하는 데 문제가 있다고 판단되면 교사를 통해서 해결하려고 합니다. 이 경우는 여러 가지 문제 상황을 일으키기도 합니다. 아이들 입장에서는 자꾸 일러바치는 게 싫어서 결국 같이 안 놀거나 따돌려 버립니다. 교사 입장에서는 해결해 달라고 찾아와서 자꾸 얘기하는 걸 듣다 보면 불평이 많거나 예민한 아이로 생각합니다. 결국 불편한 관계에 놓이는데 당사자는 그 상황을 잘 모르는 경우가 많습니다. 부모 입장에서는 학교에서 일어난 일에 대해 불만을 쏟아내는 아이의 말만 듣다 보면 화가 나기도 합니다. 이런 문제로 상담실을 찾은 부모에게는 주변의 얘기를 들어 보거나 좀 더 알아봐야 한다고 조언합니다.

아이와 부모의 성향이 비슷하면 문제를 더 키우는 상황이 발생하기도 합니다. 그러므로 아이의 자존감 범위가 어디까지인지 알아 둬야 합니다. 단, 이 범위는 아이에게 얘기해 준 뒤 골라 보라고 하는 것이 효과적입니다. 아이에게 그 범위를 설명하여 3차 범위까지 가는 친구가 있다는 것을 알려 줌으로써 조심시키려는 것입니다.

아이가 남의 기분을 잘 맞춰 주는 센스가 있다고 생각되지 않는 이유는 특별히 표현하지 않기 때문입니다. 가볍게 손을 잡거나 어깨에 손을 올려 토닥이거나 껴안는 행위도 뻣뻣하게 합니다. 말로 기분을 맞추는 일은 정말 쉽지 않습니다. 다른 사람이 어떤 말에 반응하는지 관심이 없어서 대처법을 잘 모릅니다. 무뚝뚝한 아이라는 생각이 듭니다. 하지만 가족과 있을 때보다 바깥 생활에서 더 표현이 서툽니다. 점잖기는 하지만 애교가 없습니다. 처음 만나면 낯도 가려서 더 말이 없습니다. 질문하면 대답하지만 질문을 먼저 하지는 않습니다. 다른 사람과 관계를 시작할 때 어색한 분위기를 깨기 위하여 질문할 내용들을 미리 몇 가지 생각해 두라고 조언하면 유용한 팁이 됩니다.

스토리형 아이

스토리형 아이의 특징을 얘기하겠습니다. 스토리형 아이는 표정이 밝습니다. 한마디로 센스쟁이입니다. 다른 사람의 기분을 맞추는 능력은 타고났습니다. 하고 싶은 것도 많아 이것 조금 저것 조금 하면서 도통 하나에 집중하지는 않습니다. 하고 싶은 것이 많은 이 아이의 개인적 특징을 살펴보겠습니다.

우선 한글은 낱말 카드로 배우기 시작하여 통글자형 방식으로 깨치는 경우가 많습니다. 이미지에 관심이 많고 얘기를 들으며 상상하는 걸 좋아합니다. 책을 읽고 나서 글쓴이의 생각을 얘기할 수는 있으나 그 포인트가 어디인지 말하라면 웁습니다. 전체적인 흐름으로 이해할 뿐 등장인물의 이름도 말하지 못할 때가 있습니다. 책을 끝까지 읽기가 쉽지 않습니다. 등장인물의 이름도 끝까지 못 외우기 때문에 이야기가 길어지거나 복잡해지면 읽기를 그만둡니다.

재미있는 점은 요령이 좋아서 책의 시작과 끝을 읽고 결론을 말한다는 것입니다. 영어 단어나 한자 외우기는 참 싫어합니다. 바로 외워지지 않는 일에 시간 쓰는 것이 싫어 한계치까지 버티다가 마지막에 외웁니다. 어려운 낱말이나 사자성어의 경우 끝말잇기나 사자성어 맞추기 게임 등을 이용해 놀이 식으로 가르쳐야 기억이 오래갑니다. 이미지 중심의 기억은 오래가기 때문에 한글을 배울 때처럼 다양한 교구를 사용해야 합니다.

기억력이 좋은 것 같지 않은데, 본인 스스로 기억력이 없다고 하고 기억하기 위해 노력하지도 않습니다. 영어 단어를 외워야 한다면 다른 숙제는 아예 못 한다고 봐야 합니다. 외워도 틀리는 것이 반 이상이라 무엇보다 반복이 중요합니다. 몇 번을 반복해야 정확하게 외워지는지 자신만의 반복 횟수를 확인시키고, 반복한 횟수에 따라 결과가 어떻게 달라지는지 되물어야 자신이 얼마나 반복해야 하는지 인정하고 노력하기 시작합니다.

안타깝게도 공부에 최선을 다하지 않습니다. 그래도 포기하지는 않고 중위권 정도의 점수는 유지합니다. 어휘 사용에 자신이 없어

얼버무리며 대충 얘기하는 경향이 많습니다.

스토리형 아이는 어휘부터 완벽하게 암기해야 합니다. 대충 말하거나 대충 듣는 습관이 있기 때문입니다. 이 아이는 다른 사람의 평가에 관심이 없습니다. 자신은 별로 잘하지 않는다고 이미 자기 평가 점수를 낮게 매기기 때문입니다. 이보다는 남들이 자신을 어떻게 생각하는가에 관심이 많습니다. 부족하지만 남에게 무시당하거나 어울리지 못하는 상황이 생기지 않기를 바라는 것입니다. 학교에서 일어난 일은 말을 아주 잘합니다. 이해하기 쉽게 잘 설명해서 듣다 보면 마치 현장에 있는 느낌이 듭니다.

쉬운 문제는 절대 틀리지 않습니다. 또한 주거니 받거니 얘기할 수 있어 시간 가는 줄 모릅니다. 자신이 잘 모를 수도 있다고 생각하여 남의 말을 귀 기울여 잘 듣습니다. 시험 범위까지 공부했는데도 틀린 문제는 보지 않은 부분에서 나왔다고 말합니다. 실패했을 때는 자신의 부족함이라고 얘기합니다. 하지만 부족함을 안다고 해서 다음에 고쳐지리라 기대해서는 안 됩니다. 그 부족함을 잊어버립니다. 이유는 자기 마음이 편해지기 위해서입니다.

궁금한 일이 생길 경우 자신도 알아보지만 주변의 도움을 받는 걸 겁내지 않습니다. 생각이 많지만 빨리 해결하고 싶은 생각이 더 큽니다. 다른 일도 해야 하기 때문이지요. 해결해야 할 일에 많은 시간을 투자하기보다 여기저기 도움을 얻어 빨리 해결하고 더 나은 결과를 얻겠다는 요령이 있기 때문입니다. 실패를 두려워하지 않습니다.

자신이 부족하다고 생각하기에 성공해도 놀랍니다. 그리고 운이 좋다고 생각하는 낙관적인 사고의 소유자입니다. 주어진 조건에 만족하고 조금씩 원하는 것을 얻겠다는 계획을 세웁니다.

공부도 잘하는 분야와 못하는 분야의 기복이 심합니다. 시험공부를 완벽하게 할 생각이 없습니다. 할 수 있는 만큼 하여 성적이 잘 나오면 놀라고 못 나오면 당연하다고 생각합니다. 수업을 들을 때부터 시험에서 강한 부분과 약한 부분을 간파할 수 있습니다. 중간고사를 잘 본 과목은 기말고사 때 공부를 덜 하고 못 본 과목을 더 열심히 공부하여 한 학기 평균은 늘 중간을 유지합니다. 남들에게 노출되는 성적은 엄청 관리하는 편입니다. 남들이 어떻게 생각하는가가 주요한 관심사이기 때문에 평가 점수를 공개하는 수행 평가는 완벽한 점수를 받습니다.

학습형이라기보다 생활형이라고 여겨지는 기억력은 신기할 정도입니다. 동생 친구네 자동차 번호는 외우는데 역사적 사건의 연대는 못 외우고, 친구 이름은 몽땅 외우면서 책 속 등장인물은 다 못 외웁니다. 기억력이 나쁘다고 안 외우는 태도가 요령으로 보이기 때문에 학업에 애로 사항이 많습니다. 어려운 것은 어렵다고 안 하고 쉬운 것은 자연스럽게 알게 된 것만 하니 우수한 성적을 거두는 게 쉽지 않습니다. 친구들과 놀 때는 다른 친구들이 하자는 놀이를 따라 합니다.

스토리형 아이는 통찰력이 있고 의사소통 중 말하기와 듣기, 쓰기

부분에서 두각을 나타냅니다. 자기가 아는 부분이 아니면 일단 남의 말에 귀를 기울입니다. 자신이 아는 부분이면 적극적으로 말하고 그 내용을 깔끔하게 정리해서 쓰기도 합니다. 이 아이의 글은 구성력이 있습니다. 서론의 문제 제기만 해결된다면 본론에서 다양한 예를 들 수 있으며, 아는 것이 많지 않아 아는 척하지도 않고 본론과 결론의 비중이 비슷합니다. 결론에서는 본인이 생각하는 대안들을 제시하는 적극성도 보입니다. 안타까운 점은 의사소통을 할 때 자신이 아는 범위에서만 두각을 나타낸다는 것입니다.

스토리형 아이가 상담하는 경우는 많지 않습니다. 부모가 공부에는 소질이 없다고 판단하여 다른 쪽에 눈을 돌리도록 종용하는 경우가 많습니다. 가장 안타까운 점은 아이의 성적이 좋지 않다는 이유로 아직 초등학생, 중학생인데 예체능 쪽을 생각한다는 점입니다. 당사자는 법률가나 과학자, 의사가 되고 싶어 하다가 성적이 높지 않으면 불가능하다는 사실을 깨닫는 순간부터 미래 계획을 CEO로 정합니다. 멋지게 성공하고 싶기 때문입니다. 새로운 교육 과정은 이 아이에게 많은 기회를 줄 것입니다. 아는 게 많지 않더라도 늘 검색하고 주변의 의견을 묻고 친구들이나 교사의 얘기에 귀 기울이는 좋은 수업 태도를 가졌기 때문입니다.

사회적 특징에서 보면 스토리형 아이는 공감 능력이 뛰어납니다. 자존감의 범위는 그리 넓지 않습니다. 교실에서는 너무 시끄럽다며 조용히 하라는 친구가 있어도 친구들과 얘기하거나 떠드는 모습을 지켜봅니다. 많은 아이들 앞에서 발표하는 것을 좋아하지만 다른 사람이 시켜야 합니다. 아는 내용이 나오면 무조건 발표합니다. 기회 포착력이 좋습니다. 센스가 있어서 기회라는 것을 금방 알아차립니다. 예를 들면 학교 경시 대회에서 아이들이 많이 참여하지 않는 종목은 무조건 신청해서 상을 탑니다. 모둠활동에서는 협조형이며 다른 아이들이 하지 않으려는 것도 다 하겠다고 합니다. 아이디어도 잘 냅니다. 집중력은 자신이 잘할 것 같은 분야에서만 발휘합니다.

주변 환경과의 공감 능력이 높아 길을 걸을 때도 주변을 잘 살피며 지도 보기에도 능합니다. 생활 지혜가 많아 경험을 공부와 연관 짓고 싶어 합니다. 발명이나 특허에 관심이 많고 경험들을 추억거리로 정리해 놓는 걸 좋아합니다. 꾸미기를 잘하고 구성력이 있어 프레젠테이션 자료도 잘 만듭니다. 자신의 의견이 많지 않으나 다른 사람의 의견을 정리하는 데 소질이 있어 토론할 때 사회를 잘 봅니다. 자신의 생각이 없는 것은 아니나 틀릴 수도 있다는 불안 때문에 확신이 없으면 다른 사람의 의견을 들으려고 애씁니다. 자기 주장만 하는 아이들 틈에서 그들의 생각을 요약하고 정리하는 능력을 발휘할 수 있어 사회자로 적격입니다. 결과에 상관없이 자꾸 도전해 보는 스토리형 아이에겐 격려가 큰 힘이 된다는 것을 기억해야 합니다.

02

성별 및 가족 사항

　성별과 가족 사항을 고려해야 하는 이유는 아이의 사춘기 시점을 알기 위해서인데 성별로 사춘기에 드러나는 태도가 다르기 때문입니다. 학업이 본격적으로 진행되는 시기에 맞는 사춘기는 학업 태도와 미래 설계에도 큰 영향을 미칩니다. 사춘기의 특징을 확인해 보면 아이와 대화할 때 불편한 심기를 누르고 원활하게 소통하는 관계를 유지할 수 있습니다. 남자 아이는 형제 서열이 태도에 영향을 미치기도 하여 질문에 넣었습니다.

　사춘기는 초등학교 3학년 때 조짐을 보이기 시작합니다. 우리 부모와 친구 부모를 비교하고 자신이 왜 해야 하는지 분명히 이해하지 못하면 하지 않으려는 태도를 보입니다. 이 시기에 무언가 얘기하면 늘 "왜요?"로 되묻습니다. 하라는 대로 하지 않는 시기입니다. 부모가 이유를 설명하려다가 짜증과 답답함에 버럭 소리를 지를 때도 있습니다. 그러면 아이는 자연스럽게 부모와의 대화를 줄이고 단절하는 수순을 밟게 됩니다. 이후 사춘기 때 부모와 날카롭게 대립하는 시기가 있는데 사춘기 조짐 시기부터 소통하는 법을 잘 다듬지 않으면 대립 시기에 감당할 수 없는 반항으로 이어집니다. 자기 스스로 선택하려는 태도가 사춘기의 시작을 말합니다.

여자 아이

여자 아이는 초등학교 3학년부터 또래 집단끼리 취미를 중심으로 모임을 만들기 시작합니다. 이때 조심해야 할 점은 아이가 모임에서 탈퇴할 때 그 후유증이 너무 크다는 것입니다. 모임에는 리더 격인 아이들이 있어서 그 아이들이 다른 친구들을 쥐락펴락합니다. 모임에서 나가려는 친구를 못마땅하게 여겨 그 친구에 대해 나쁜 이야기를 퍼뜨립니다. 은근히 따돌리는 드러나지 않는 괴롭힘 때문에 타깃이 된 당사자는 견딜 수 없이 고통스럽습니다. 리더 격인 아이는 우리 아이에게만 모질 뿐 다른 아이들은 잘 대해 주기 때문에 평판이 나쁘지 않습니다. 《우리들의 일그러진 영웅》의 '엄석대'처럼 친구들을 통제하려는 아이라고 생각하면 됩니다.

피해자가 문제 있는 아이인 양 몰고 가는 분위기에 리더 격인 아이가 두려워서 다른 친구들이 도움을 주지 못하면 보통 가해자보다 피해자가 전학을 갑니다. 가해자는 그런 상황들을 예상하여 대처 방법까지 준비했기 때문에 뚜렷한 증거 없이 괴롭힘을 당한다는 걸 밝혀내는 게 쉽지 않기 때문입니다. 최근 학내 따돌림 같은 문제가 빈번하게 일어나고 있습니다. '학교폭력위원회'에서 중재를 해 보지만 아이들 사이에 일어나는 일은 그 진실을 밝혀내기가 쉽지 않습니다. 어린아이들이지만 자신의 잘못을 드러내지 않는 데다 증거가 없으면 더더욱 회피하려고 합니다. 여자 아이들은 상황을 절도 있게 잘 설명해서 누구의 말이 진실인지 알아내는 게 어렵습니다.

초등학교 3학년이 되면 딸의 친구들이 어떤 아이인지 관심을 가지고 지켜봐야 합니다. 우리 아이가 피해자가 될 수도 있지만 가해자가 될 수도 있기 때문입니다. 의사소통이 되지 않아 오해에서 시작되는 일이지만 방치하면 감정 싸움과 폭력 행위로 바뀌어 무서운 결과를 초래합니다. 이런 분위기에서는 스토리형 아이보다 정보탐색형 아이가 따돌림을 당할 가능성이 큽니다.

정보탐색형 아이는 다른 사람에게 관심이 없기 때문에 본의 아니게 친구들의 심기를 건드릴 때도 있습니다. 아이들의 분위기가 심상치 않다는 점을 알아차리는 것도 늦습니다. 누군가 얘기해 주지 않으면 직접 당할 때까지 자신의 상황을 알아차리지 못합니다. 당연히 어떻게 풀어야 하는지도 모릅니다. 그래서 아이가 뜬금없이 얘기하는 친구 얘기에 귀 기울여야 합니다. 왜 그런 생각을 했는지 물어 가다 보면 문제 상황을 알게 되고 실마리도 찾을 수 있습니다.

스토리형 아이가 따돌림당하기 어려운 이유는 눈치가 빨라서 '쎈' 아이들의 심기를 건드리지 않기 때문입니다. 하지만 친구들의 불만을 들어 주다 정작 자기 얘기는 못 해서 스트레스를 많이 받습니다. 누군가에게 털어놓고 싶은데 그랬다간 소문이 나니까 말할 수도 없어 힘겹습니다. 이런 상황에서 어떻게 대처해야 할지 조언해 줄 사람이 필요합니다. 이 상황이 해결되지 않으면 공부에 집중할 수 없습니다. 산만한 아이가 됩니다. 주변 환경이 안정되지 않으면 아무것도 할 수 없습니다. 따로 얘기할 시간을 가져서 털어 버리도록 돕는 것이 필요합니다. 단, 이 유형의 아이는 일상 얘기를 좋아하기 때문에 너무 길어지지 않도록 시간을 제한하는 것이 좋습니다.

여자 아이의 본격적인 사춘기는 5학년 때입니다.[1] 6학년부터 시작하는 남학생보다 빠른 편입니다. 여자 아이의 사춘기는 정규 분포 곡선이라고 생각할 수 있습니다. 초등학교 5학년부터 시작한 사춘기가 중학교에 진학하면 더 진행됩니다. 중1보다 중2 때 사춘기 스트레스가 더 커지기는 하나 중3이 되면 짜증이 조금 가라앉는 경향을 보입니다. '중2병' 시기는 다시 '고2병'으로 이어집니다. 중3 때 마음이 조금 진정되어 고등학교 진학을 준비하거나 학교를 정할 때 아이와 얘기할 수 있는 기회를 얻게 됩니다.

---

1 그림 5-1 여자 아이의 사춘기 변화 참조.

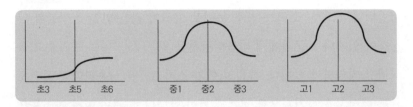

그림 5-1 | 여자 아이의 사춘기 변화

초3　초5　초6　　　중1　중2　중3　　　고1　고2　고3

　고등학교에 진학하면 중학교 때 시작된 질풍노도의 시기는 한풀
꺾였다고 볼 수 있습니다. 중학교 때 적응이 쉽지 않았던 정보탐색
형 아이도 고등학생이 되면 주변의 상황을 살피기 시작합니다. 그런
데 고2가 되면 다시 사춘기 스트레스가 많아집니다. 하고 싶은 일은
많은데 대입 걱정에 학업 스트레스가 늘어나기 때문입니다. 학교생
활에 익숙해진 것도 느슨해지는 마음에 영향을 줍니다. 고2가 되면
학교생활에 익숙해져서 하고 싶은 일을 해도 생활에 큰 문제가 없을
거라고 생각하기 시작합니다.

　사춘기 여자 아이들의 관심사는 무엇일까요? 이 문제는 전작《강
남엄마의 정보력》에서 자세하게 다뤄 보았습니다. 사춘기 여자 아
이들의 관심[2]은 친구, 이성 교제, 다이어트, 성형, 치열 교정, 화장,
머리 모양, 유행, 몸매, 키, 손톱 등 미용과 관련된 다양한 소재에 집
중되어 있습니다. 공부는 신경 써야 하는 많은 것 중 하나일 뿐입니

---

2 김소희,《강남엄마의 정보력》, 비즈니스북스, 2014년 참조.

다. 결국 사춘기에는 공부에 대한 관심이 급격히 떨어진다고 봐야 합니다. 사춘기 소녀는 친구 문제로 고민이 많은 만큼 친구들과 다툼이 있거나 누군가에게 괴롭힘당하는 일은 없는지 늘 주의를 기울이고 지켜봐야 합니다. 특히 아이가 스마트폰을 사용한다면 카카오톡 메시지를 정기적으로 점검해 봐야 합니다. 하지만 여자 아이들은 스마트폰에 비밀번호를 걸어 놓는 등 보안에 특히 신경 쓰기 때문에 메시지 점검은 굉장히 어려울 것입니다.

여자 아이들은 얘기 나누는 것을 좋아하는 편입니다. 평상시 아이와 이런저런 학교 얘기를 수다 떨듯이 나누며 들어 주었다면 문제가 생겨도 쉽게 상의하겠지만 아이가 하는 말을 하나하나 평가하는 타입의 부모라면 아이가 숨기는 게 많을 것입니다. 히스테릭한 사춘기 소녀와 대화할 때는 조용히 숨죽이고 들어 주기만 해야 한다는 점을 명심해야 합니다.

남자 아이는 몸으로 부딪치는 일에 집중하는 반면 여자 아이는 '말 많은' 사춘기를 보내는 셈입니다. 남자 친구 문제나 여자 친구 문제 혹은 교사와의 문제 등 일단 고민이 생기면 친구들과 소통해야 하는데 마음을 터놓을 친구가 없거나 친구 때문에 안 좋은 소문이 돌면 사태는 더욱 심각해집니다. 사춘기 여자 아이는 친구 관계에 워낙 예민한 데다 쉽게 적대적인 태도로 돌변하기도 합니다. 갑자기 친구들이 자기를 대하는 태도가 예전과 달라졌거나 자기에 대해 수군거리는 느낌을 받기도 하고 친한 친구가 찾아와 화를 내면 어떻게 대처할지 몰라 당황합니다. 사춘기가 시작되면 또래 집단인 친구들의 이야기가 무언가를 결정하는 데 중요한 역할을 합니다.

또한 외모에 관심이 생기고 친구들의 평가에 민감한 반응을 보입니다. 몸에서 냄새가 난다는 얘기를 들으면 아침마다 샤워를 한 시간씩 하는 통에 온 식구가 지각하는 경우도 발생합니다. 머리에 기름기가 있다는 이야기를 들으면 매일 아침 머리를 감고 학교에 갑니다. 형제가 많거나 아빠의 출근 시간이 겹치면 화장실이 몇 개쯤 있어야겠다는 생각이 들 정도로 아침마다 아수라장이 됩니다.

사춘기 여자 아이는 긴 머리가 중요한 포인트입니다. 그래서 머리를 말리는 데도 시간이 제법 필요합니다. 학교에 가야 할 시간이 임박해도 머리 손질이 끝날 줄 모르면 지켜보는 부모 속은 까맣게 썩어 갑니다. 지각은 막아 보겠다고 머리 손질을 끝낼 때까지 아이 입에 아침거리를 넣어 주며 온갖 수발을 다 들고 결국 차에 태워 학교로 달려가는 상황도 일어납니다. 아예 아이의 버릇을 고쳐 주겠다며 지각하더라도 데려다 주지 않는 부모가 있지만 생활 패턴을 바꾸기에는 역부족입니다. 결국 자신이 먼저 포기하고 아이를 차로 데려다 주는 부모들을 쉽게 볼 수 있습니다. 초등학교 때는 지각에 큰 부담을 갖지 않아도 되지만 중학교 이후에는 생활기록부에 출결석 상황이 기록되어 상급 학교 진학에 영향을 주는 터라 지각에 대한 부모의 반응이 더욱 예민해집니다.

여자 아이는 수학여행이나 수련회를 앞두면 친한 친구들과 몰려

다니며 여행지에서 입고 놀 계획을 짜는 데 집중합니다. 수학여행이나 수련회는 보통 1학기 중간고사를 보고 5월 어린이날을 낀 연휴 기간이 지난 뒤 바로 떠나는 경우가 많아 아이들은 들뜬 기분으로 시험공부를 하게 됩니다. 시험공부를 하다가도 아이들끼리 여행 계획을 짜느라 공부할 기회를 놓칩니다. 시험의 결과와 상관없이 연휴를 보내고 친구들과 여행을 가기 때문에 5월은 공부에 집중할 수 없습니다.

아이가 몸매에 관심을 두기 시작하면 살을 빼겠다며 밥 먹는 횟수나 양을 줄이기도 합니다. 이 시기부터 생리를 시작하는 친구들이 생기고 자신도 언제 시작할지 늘 불안해합니다. 먼저 생리를 시작한 친구들이 여러 가지 팁을 알려 준 덕에 엄마가 알려 주기 전에 이미 기본 대처법은 알게 됩니다. 아이들의 성 지식은 학교에서 실시하는 보건 교육도 한몫을 합니다.

사춘기 소녀는 치열 교정이나 얼굴에도 지대한 관심을 가지며 자신이 고쳐야 할 부분은 어디인지 고민합니다. 치열 교정은 치아 상태에 따라 다소 차이가 있지만 보통 1년 이상 관리받아야 하며 비용도 비싼 편입니다. 하지만 친구들의 지적에 예뻐지고 싶은 생각까지 보태지면 교정의 고통은 이겨 냅니다. 대중매체에서 아이돌의 성형은 물론 일반인이 가꾸기 힘든 V 라인이 대세인 것처럼 얘기하니 사춘기 아이들의 호기심은 커질 수밖에 없습니다. 수능수험표가 성형 할인권이 되는 연말이 되면 성형외과 광고가 쏟아지고 학생 상담 문의가 눈에 띄게 많아집니다. 대학이나 고등학교에 입학하기 전에 아이의 요구를 이겨 내지 못하는 부모가 늘어나는 것도 미용 성형에 대한 인식이 변했기 때문 아닐까 생각합니다. 쌍꺼풀이나 코를 세우는 일은 큰 고민 없이 이루어지고 양악수술 같은 고난도 수술도 한 번쯤 고민해 보는 상황이 되었습니다.

사춘기 소녀들은 유행에 민감하여 레깅스나 스키니 진을 입으려니 다이어트에 대한 관심도 커집니다. 다이어트 관련 정보는 TV나 인터넷 같은 매체에서 얻는데 틈날 때마다 친구들과 얘기를 나누고 자신이 생기면 직접 실행해 보기도 합니다. 아이가 살을 빼겠다고 굶기 시작하면 아무리 부모라도 말리는 게 쉽지 않습니다. 부모의 말보다 친구들 얘기에 더욱 귀를 기울이는 시기다 보니 자신의 선택에 문제가 없다고 믿기 때문입니다. 심지어 고3 때 다이어트하는 아이들도 있습니다. 가끔 심한 학업 스트레스와 다이어트 후유증으로 시험 중에 쓰러지거나 시험을 망치는 일도 생기지만 그런 아이들을 설득하기가 어렵습니다.

요즘 아이들은 화장에도 관심을 보입니다. 아예 청소년용 화장품 광고까지 있을 만큼 화장품을 구입해 사용하는 아이가 늘고 있습니다. 청소년의 화장품 사용 실태는 공식 데이터로 공개되지 않았지만 초등학교 6학년부터 가벼운 화장을 시작하다 중학교 올라가면 본격적인 화장을 시도합니다. 대부분의 학교가 색조 화장은 금하고 있지만 중학생보다는 고등학생들의 화장이 더 짙어지고 있습니다. 친구들에게 배우기도 하고 인터넷으로 검색하기도 하면서 호기심으로 한두 번 하다 보면 어느새 자신에게 맞는 화장법을 찾게 됩니다. 아이들이 화장하는 게 무슨 문제인가 생각할 수도 있지만 성분이 어른용과 크게 다르지 않아서 화장품 성분 중 납 같은 중금속 오염에 일찍 노출될 수 있습니다. 또한 아이들은 화장이 잘되면 수업 시간이라도 거울을 보며 시간을 보내고, 화장이 잘못되면 지우고 다시 시작하는 '거울공주'가 됩니다. 물론 모든 아이가 그런 것은 아니지만 학년이 올라갈수록 관심은 더 커지기 마련입니다.

시험이 끝나거나 방학이 되면 친구끼리 머리를 염색하거나 손톱을 칠하고 다듬는 일도 일상이 됩니다. 외모를 가꾸는 데 많은 시간을 보내면 공부나 자신의 미래를 준비하는 데 필요한 절대 시간이 줄어들 것입니다. 예외적으로 미용과 관련된 자신의 관심 분야를 개발하는 아이도 있습니다. 필자가 상담한 아이 중에 네일 아트에 관심이 많아 계속 취미 생활을 하다가 자신의 운영하는 블로그에 사진도 올리고 다양한 경험도 제공하면서 화제가 된 경우가 있습니다. 광고 회사에서 이 아이의 디자인을 사용하고 싶어 하여 소질이 입증되기도 했습니다. 대학 졸업 후 계속 좋아하는 일을 하면서 살아갈 계획이라고 합니다. 이 친구의 부모도 아이가 고등학교 때 공부하다가 스트레스 해소용으로 3~4시간 네일 아트 하는 것을 지켜보면서 마음고생을 많이 했습니다. 시간이 지나면서 좋은 결과로 나타났지만 앞날은 알 수가 없어서 불안하기만 합니다.

남자 아이

남자 아이는 초등학교 3학년부터 또래 집단끼리 운동이나 게임을 하며 어울려 다니기 시작합니다. 남자 아이의 사춘기는 '질풍노도의 시기' '열혈남아'로 표현할 수 있습니다. 남자 아이는 동적인 활동을 좋아해서 많은 시간을 밖에서 보냅니다. 특히 축구, 농구, 야구 같은 조직 운동을 좋아합니다. 게임도 팀을 짜서 PC방에서 하는 것을 좋아합니다. 모여서 하는 일에 관심 있는 만큼 사춘기 때 친구들이 어디에 관심이 많은지 파악하면 우리 아이가 무엇을 하고 다니는지 알게 됩니다. 부모는 공부 잘하는 친구를 만나 좀 더 건설적인 계획도 세우고 열심히 공부하기를 바라지만 그것만 하기에는 너무 뜨거운 피입니다. 남자 아이는 초등학교 3학년이 지나면 자기 주장이 강해집니다. 아이가 집에만 있으면 끓어오르는 기운을 주체하지 못해 짜증을 내게 됩니다.

성장 속도에 따라 다르지만 여자에 비해 남자는 사춘기에 급격한 신체적 성장을 합니다. 초등학교 때 크는 아이는 다리가 길어지고 중학교 이후에 크는 아이는 허리가 길어집니다. 아이가 신체적으로 커지면서 '잠춘기'가 시작됩니다. 엄청나게 성장하는 시기라서 몸의 활력이 떨어지고 잠도 많이 잡니다. 그저 많이 먹고 많이 자고 싶은 생각뿐입니다. 아무리 자도 더 자고 싶어 해서 아침에 깨우려면 여간 어려운 일이 아닙니다. 학교에 지각하지 않고 보내려면 아침마다 소리를 버럭 지르는 상황도 비일비재합니다. 상담하다 보면 이 문제는 주로 남학생에게 일어납니다. 늦게 일어났는데 씻겠다고 욕실에 들어간 아이가 나오지 않으면 인간 부모는 참아 주기가 어렵습니다. 씻지 않을 수 없는 것이, 남성 호르몬이 엄청 분비되기 시기라 몸에서 특유의 냄새가 나기 때문에 사춘기에 들어서면 남자 아이는 자주 씻게 됩니다.

남자 아이는 중고등학생이 되면 술, 담배, 이성 교제, 운동, 컴퓨터 게임, 공부 중에서 몇 가지를 선택하여 집중합니다.[3] 아이가 공부할 마음이 생길 때까지 기다리는 동안 부모의 속은 숯검정이 됩니다. 다른 아이들은 진도를 얼마나 빼고 얼마나 열심히 하는지 알기 때문입니다. 그래서 남자 아이는 비교적 말을 잘 듣고 잘 따라오는 시기에 최대한 열심히 진도를 빼는 게 좋습니다. 아이가 하는 일이 너무 많아 힘들까 봐 미리 봐 주면 정작 아이가 시간이 필요할 때 도움을 주지 못하기 때문입니다.

사춘기 남자 아이는 여자 아이와 달리 스트레스 수준에 기복이 없습니다. 남자 아이는 중고등학생이 되면 더 커집니다. 스트레스를 풀 수 있는 기회가 없으면 더욱 짜증을 내고 결국 모든 것을 그만두겠다고 선언합니다.[4] 물론 평상시에도 공부하기 싫다고 말하는 아이는 해당되지 않는 얘기입니다. 그러나 주의하지 않으면 안 되는 일이 아이가 싫다는 공부를 달래 가며 계속 시키는 것입니다. 이 아이

3 김소희, 《강남엄마의 정보력》, 비즈니스북스, 2014년 참조.
4 그림 5-2 남자 아이의 사춘기 변화 참조.

그림 5-2 남자 아이의 사춘기 변화

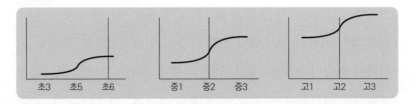

는 사춘기가 다른 아이들보다 늦은 편입니다. 그래서 부모 말을 듣고 공부를 열심히 할 수 있었습니다. 하지만 사춘기가 늦어지면 그 후유증도 큽니다.

고1 아들이 공부할 마음이 없다면서 상담을 의뢰한 부모가 있었습니다. 영재학교를 목표로 어려서부터 엄청난 스케줄을 소화해 낸 아이였습니다. 부모가 시키는 대로 시작했는데 잘할수록 부모의 기대가 커지며 더 많은 스케줄을 소화해 내야 해서 공부가 싫어졌다는 것입니다. 고1 내내 놀 생각이고 언제까지 놀지는 정하지 않았다고 했습니다. 이 아이에게도 잘하는 것과 좋아하는 것에 대해 질문했습니다. 그러나 제대로 대답하지 않았습니다. 이미 어른에 대한 불신이 생긴 데다 다시 공부시키려는 의도에서 시작된 대화라고 생각하여 마음을 잘 열지 않았습니다. 친구들과 놀기 시작하면서 아무 부담도 없어지고 즐겁게 살기 시작했다는 것입니다. 그러면서 상황이 이렇게 된 건 부모 탓이라고 했습니다. 전형적인 정보탐색형 아이이며, 자신의 현재를 부모 책임으로 몰아붙이는 것입니다.

자기 탓이 아니기에 책임도 없고 결과도 장담하지 않겠다는 상황까지 가면 이 문제가 언제 해결될지 모릅니다. 아이에게 해결할 의지가 없기 때문입니다. 철이 들면 이 문제가 해결될까요? 아닙니다. 기약이 없습니다. 군대 갔다 오면 해결될 거라며 입대를 생각하는 아버지도 있습니다. 필자는 이런 경우 적극적으로 말립니다. 군대 가서 정신 차리던 시절은 아버지 때였다고 얘기합니다. 군대 갔다 오면 변하기는 하나 남 탓하기를 좋아하는 사람은 얼마 되지 않아 원래의 자리로 돌아옵니다. 본인이 하고 싶은 것을 찾을 때까지 게임이나 하고 잠을 잘 뿐 행동은 하지 않습니다. 규칙적인 생활이 편한 정보탐색형 아이는 새로운 돌파구 없이 시간만 보내는 경우가 허다합니다. 정신 차릴 때까지 기다리기보다 같이 얘기를 나누며 해결책을 모색해야 합니다.

최근에는 여학생 흡연도 늘어나는 추세이지만 음주와 흡연은 사춘기 소년이라면 누구나 한번쯤 고민해야 하는 문젯거리입니다. 초등학교 때는 담배 피우는 아이가 전교에서 한둘인데 중학생이 되면 반에서 두 명 정도로 늘어나고 고등학생이 되면 반에서 서너 명이 됩니다. 남자 아이가 흡연을 하는 기회는 체험학습이나 수학여행 등 단체 활동을 하는 기간에 생깁니다. 호기심 많은 시기에 친구들이 권하는 담배나 술을 거절하기란 쉽지 않은 일입니다. 학교에서는 단체 활동 시 불미스러운 일이 생기지 않도록 적극 지도를 하지만 역부족입니다.

교내에서 흡연하면 벌점을 줍니다. 하지만 벌점을 자주 받는 아이들은 별 관심이 없습니다. 고등학교는 의무 교육이 아니라 흡연 한 번에 벌점 20점을 받고 세 번 걸리면 퇴학을 당합니다. 초등학교 때부터 보건 교육을 통해 흡연이나 음주에 대해 집중적으로 교육하고 있습니다. 하지만 아이들은 기회가 생길 때마다 일탈을 꿈꿉니다. 아이들의 출입이 잦은 PC방은 담배 피우며 게임하는 사람이 많습니다. 비흡연자를 위한 공간을 마련한 곳도 있지만 대부분은 무시하고 흡연자들과 함께 게임합니다. 시험이 끝나고 친구들과 PC방을 다녀온 아이의 옷에 찌든 담배 냄새는 없애기도 쉽지 않습니다.

우선 청소년에게 담배나 술을 판매하지 말아야 하지만 아이들이 구입할 수 있는 유통 구조의 빈틈을 보완해야 합니다. 대중매체에서 전자담배의 유해성을 보도하고 있으나 이 비싼 대체물을 구입해서 피우는 경우도 있습니다. 흡연보다 간접흡연이 더 심각한 상황입니다. 아이가 직접 담배를 피우지 않아도 화장실 등의 흡연 장소에 노출될 경우 남학생은 간접흡연을 많이 할 수밖에 없습니다. 학교 화장실에만 가도 담배 찌든 냄새를 맡아야 하며 화장실 바로 옆 교실은 여름에도 문을 열어 두지 못한다고 합니다.

최근 흡연 구역에 대한 제한을 강화하면서 공공장소 흡연은 크게 제한받고 있습니다. 하지만 정작 학교 내 흡연은 제대로 관리되지 못하는 상황입니다. 다수의 아이가 소수의 흡연 습관 때문에 간접흡연의 피해를 보고 있으며 잠재 흡연 인구가 되는 것입니다. 청소년

흡연에 대한 적극적인 지도가 필요합니다. 담배를 피우기 시작한 초반이나 아직 담배를 안 피우는 아이에게는 흡연 예방 교육이 가능합니다. 아이 주변에 담배 피우는 친구들이 있는지 살피기도 하고, 아이와 친구들이 담배 피우는 것에 대해 어떻게 생각하는지 얘기를 나누기도 해야 합니다.

단, 흡연이 나쁘다는 식으로 가르치려 하면 오히려 반감을 사서 큰 효과를 얻을 수 없습니다. 자연스럽게 친구들 안부를 물으며 얘기를 시작해야 합니다. 아이 옷에 담배 냄새가 배어 있다면 흡연을 의심하여 몰아붙이지 말고 친구들 중에 담배 피우는 아이가 있느냐며 냄새가 난다고 경고성 메시지를 전달하는 정도여야 합니다. 호기심에서 시작한 일이 습관이 된 아이들은 담배를 끊는 게 쉽지 않습니다. 아이가 담배를 피우는지 관찰하는 것도 부모가 신경 써야 하는 일거리입니다. 물론 교사들의 관심도 도움이 됩니다.

남자 아이는 운동을 많이 합니다. 운동은 건강에 도움이 되고 스트레스를 풀기에도 좋지만 정도가 심하면 공부할 시간마저 잡아먹는 문젯거리가 됩니다. 경우에 따라서는 운동이 건강을 해치기도 합니다. 막내 학교의 농구 스타는 습관성 골절이 생겨 더 이상 농구를 못 한다고 합니다. 고등학교 남자반 모임에 가면 부모들은 한숨만 쉽니다.

축구를 좋아하는 아이는 체육 시간과 점심시간, 방과 후에 축구 경기를 합니다. 집에 오자마자 얼른 씻고 밥을 먹은 뒤 축구 게임을 시작합니다. 축구 게임을 한참 하다 학원 갈 시간이 되면 가기도 하고 빼먹기도 합니다. 학원 갔다 오면 잠깐 쉬다가 곧 시작될 프리미어 리그 경기 일정을 점검해 봅니다. 유럽에서 하는 경기는 밤 2시경에 시작하기에 새벽녘에나 잡니다. 늦게 잠들면 학교 갈 시간이 되어도 일어나지 못하다 겨우 씻고 나갑니다. 학교에 도착하면 친구들과 축구 경기에 대해 얘기하다가 수업이 시작되면 부족한 잠을 자기 시작합니다. 일반고 교실을 보면 자는 아이들이 눈에 띕니다. 밤늦은 시간까지 공부한 것인지 게임을 한 것인지 모르지만 많은 아이가 잠을 잡니다.

축구뿐 아니라 야구도 마찬가지입니다. 주말이면 야구 경기를 보러 응원하는 팀의 지방 원정 경기까지 따라갑니다. 친구들과 학교에서 야구 경기를 하기는 어려우니까 따로 약속을 정해 집 근처 공터에서 야구를 합니다. 농구도 마찬가지입니다. 고등학교에 입학하면서 점심도 잊은 채 농구하는 아이가 됩니다. 점심시간과 방과 후에하는데, 체육 시간이 든 날은 하루에 세 번이나 농구를 하니 집에는 기어 들어오는 수준입니다. 주말이면 친구들이 '프로농구'를 보러가자고 합니다. 아직 공부 스케줄을 흔들 정도는 아니지만 자기만 주말에 공부한다며 짜증을 내곤 합니다. 겨울 방학을 앞두고 학원 스케줄을 짤 때도 토요일 오후는 친구들과 농구하기로 했다며 절대안 된다고 합니다. 토요일 수업을 할 수 없어 스케줄이 빡빡해지는데도 포기할 줄을 모릅니다.

이처럼 운동은 공부하느라 지친 아이들에게 좋은 활력이 되며 친구들과 함께 하는 시간을 가질 수 있어 권할 만한 활동이지만 늘 그렇듯이 지나치면 문제가 되기도 합니다. 아이들끼리 운동하다 보면 다치는 일도 흔합니다. 거칠게 몸싸움을 하다 보면 다치기도 하기 때문입니다. 막내 친구도 축구하다 손가락을 부러뜨렸는데 야단맞을까 봐 집에 알리지 않아서 제대로 치료받지 못해 지금도 후유증을 앓고 있습니다. 운동 좋아하는 아이의 부모들은 하루가 멀다 하고 병원에 가야 하는 처지를 하소연합니다. 아이가 다쳤다고 하면 짜증부터 나니 그 정도가 심하다 할 수 있습니다.

더 큰 일은 시험 기간이 다가오는데 오른손을 다치는 것입니다. 지난 시험을 잘 보지 못했는데 손까지 다쳐 시험을 못 보면 난감해집니다. 고등학생이면 수능 100퍼센트 전형이 있는 정시에 지원해야 하는 처지가 되는 것 같아 눈앞이 캄캄합니다. 점심시간에 열심히 뛰느라 점심을 거르는 일도 다반사고 오후 수업 시간에는 고갈된 체력을 보충하느라 자는 일이 허다합니다. 남자 아이가 열심히 운동하여 체력을 키우는 건 당연할지라도 공부에 지장을 주는 선은 넘지 말아야 하지만 부모 마음대로 되는 일이 아닙니다. 어릴 때부터 어느 선은 넘지 않는 것으로 약속하고 지켜 오는 경우라면 큰 걱정은 없습니다. 하지만 누가 어릴 때부터 그 생각을 미리 할 수 있을까요? 안타깝게도 운동에 재미를 붙인 아이는 운동 시간이나 양을 줄이고자 하는 의지가 없습니다. 그래도 게임과 달리 스케줄이 바빠지면 자연스레 운동하는 시간이 조절됩니다. 하지만 격렬하게 운동하는 태도는 본인의 의지가 없는 한 고치기 어려운 일입니다.

컴퓨터 게임과 게임기는 학년이 올라갈수록 화근덩어리가 됩니다. 초등학생인 아이에게 시험이 끝나면 친구들끼리 PC방에 가라고 권하는 엄마를 본 적이 있습니다. 강의를 끝내고 연단에서 내려오는데 걱정스러운 표정으로 자신의 아이가 다른 아이들과 잘 어울리지 못한다고 했습니다. 아이가 시험 끝나면 친구들과 PC방도 가고 운동장에서 뛰어놀기도 하면 좋겠는데 도통 게임할 생각을 하지 않는다고 걱정이었습니다. 필자는 아이의 사회성을 키우겠다고 PC방을 권하는 것은 절대 안 된다고 했습니다.

게임에 빠지면 빠져나오기가 어렵습니다. 특히 친구들과 함께 하는 온라인 게임은 더 위험합니다. 설날 세뱃돈을 받은 아이가 사라져서 며칠이나 돌아오지 않아 걱정했는데 단골 PC방에 있더라는 얘기도 들었습니다. 돈이 다 떨어질 때까지 PC방에서 게임하는 아이의 모습을 본다면 마음이 얼마나 아플까요? 시험이 끝나면 주말에 교복을 입은 채로 PC방에서 지내다가 월요일에 그대로 등교한다는 아이도 있었습니다. 아이들이 하는 게임은 전쟁물이 많아서 아이가 화도 자주 내고 난폭해지는 것 같다는 걱정도 합니다. 모든 일정은 팀에서 게임을 잘하는 아이 중심으로 진행됩니다. 우리 아이가 학원에 가려고 집을 나서다가 안 가겠다고 하거나 학원에 간 줄 알았는데 PC방에 있다면 그런 상황을 의심해야 합니다. 팀으로 하는 게임이 위험한 것은 아이가 게임을 못해서 팀에 부담을 주면 따돌림을 당하거나 학교생활이 고달파질 우려가 있기 때문입니다.

요즘은 운동이나 게임을 잘하는 아이가 인기가 많습니다. 아이의 인기를 위해 게임을 좋은 수단으로 보는 부모들도 있습니다. 하지만 아이는 자신을 통제하는 힘이 없습니다. 어른도 빠져들면 벗어나기 어려운 게 게임 세계인 터 아이들은 더더욱 어렵습니다. 게임을 하려고 부모에게 거짓말도 하고 게임할 돈을 마련하기 위해 나쁜 짓도 할 수 있습니다. 혼자서는 못해도 친구들과 함께라면 나쁜 짓을 할 수 있습니다. 게임은 시작하면 빠져나오기 어렵습니다. 아이가 어릴 때 사회성을 키운다고 게임을 권하는 일은 없어야 합니다.

형제 서열도 남자 아이의 태도에 영향을 미칩니다. 남자 아이는 집단 속에서 자신의 위치를 정하고 다른 아이들과의 관계에 문제가 생기지 않게 신경 씁니다. 필자는 '서열(주도권)'이라고 표현합니다. 남자 아이는 같은 서열의 친구들과 친하게 지내고 상위 서열의 아이들과 관계된 일을 할 때는 행동을 조심하는 편입니다. 서열은 상

표5-1 남자 아이의 서열 체계

상위 서열 1	남자 형제 중 맏이
상위 서열 2	남자 형제 중 둘째
상위 서열 3	남매 중 맏이
상위 서열 4	남매 중 막내
상위 서열 5	외동

위 1에서 5까지로 구성됩니다. 서열 1에 가까울수록 주도권이 커집니다. 상위 서열 1인 아이들은 학년 초에 같은 서열의 아이들과 자웅을 겨루어 봅니다. 상위 서열 1이 정해지면 나머지 서열의 아이들은 알아서 자기 자리를 찾습니다.[5]

가끔 문제가 생기는 것은 외동아이의 돌발 상황 때문입니다. 이 아이들은 사랑을 듬뿍 받고 자라서 정도 많고 남의 일에 관심도 많습니다. 그 관심이 때에 따라 다른 아이들에게 참견으로 비치면서 불편한 관계가 생기기도 합니다. 특히 위험한 것은 상위 서열 1인 아이에게 참견할 때입니다. 상위 서열 1인 아이가 참지 않고 응징하거나 다른 서열의 아이들에게 외동이 싫다고 표현하면 따돌림을 당할 우려가 생기는 것입니다. 외동이 정보탐색형이어서 남의 일에 관심이 없고 불편한 상황을 눈치 채지 못한다면 일을 해결하기가 더 어려워집니다. 거기에 자존감 범위까지 3차적 범위여서 교사에게 이 상황을 얘기한다면 일이 더 커질 수도 있습니다. 이런 일이 발생하기 전에 외동아이에게 남자 아이들의 서열 체계를 설명하고 잘 관찰해 보게 한 뒤 얘기를 나누면 학교 친구들을 이해하기 쉬울 테고 문제 상황에서도 벗어날 것입니다.

---

[5] 표 5-1 남자 아이의 서열 체계 참조.

03

적성: 수학 vs 과학 vs 사회 vs 예체능

　적성 관련 첫 질문을 '예체능(음악, 미술, 체육 등) 쪽에만 관심이 있나요?'로 정한 이유는 부모가 아이의 성적이 좋지 않다고 판단하여 예체능 쪽을 선택해야겠다고 생각하기 때문입니다. 예체능 전공이 단순히 성적이 나쁘거나 공부에 관심 없는 아이들의 대학 진학을 위한 선택이어서는 안 됩니다. 대학 예체능 분야 전공은 N수생이 많습니다. 꼭 하고 싶은 아이들의 도전이 많아 어지간한 재능으로는 합격하기가 쉽지 않습니다. 예체능 적성을 가진 아이들은 이 분야에 더 관심을 보입니다. 평상시에 늘 그림을 그리든지 악기를 연주하든지 쉬지 않고 좋아하는 일을 합니다. 그림 실력이 눈에 띄고 각종 상을 휩쓸더라도 미술 전공을 원하지 않는 아이도 있습니다. 물론 다른 과목은 흥미가 없어도 체육은 해 볼 생각이 있다는 아이는 체육 쪽 전공을 심각하게 고려해 볼 만하지만 체육학과에 들어가려면 주요 과목을 공부해야 한다고 했더니 좀 더 고민하겠다고 합니다.

전공을 정하는 것은 어려운 일입니다. 하지만 좋아하는 것과 잘하는 것을 조금씩 알아 가는 것은 전공을 정하거나 진로를 정할 때 중요한 정보가 됩니다. 어느 분야에 관심이 있고 잘하는가는 시간이 지나고 환경이 변하면서 달라지기도 합니다. 청소년은 아직 배울 게 많습니다. 이 아이들에게 진로를 정하라고 한다면 명확하게 정하는 경우도 있겠지만 대부분은 쉽지 않을 것입니다. 분야별 기초 교육이 되는 초중고 과정을 충실하게 따라가면 고등학교를 졸업할 무렵 적성에 맞는 분야에 처음으로 도전하는 기회를 얻을 것입니다.

성적에 관계없이 수학과 과학이 재미있냐고 물어보면 아이가 이들 과목을 좋아하는지 알 수 있습니다. 좋아하는데 성적이 나쁜 아이들이 있습니다. 이 아이들은 수학의 도형과 확률은 좋아하지만 연산은 싫어할 수 있습니다. 몇 단원은 좋아하고 몇 단원은 이해하기 어려운가 하는 비율에 따라 수학을 잘하고 못한다는 생각을 갖게 됩니다. 과학 분야 중에서 가장 어린 나이에 호기심이 생기는 쪽이 생물입니다. 생물에 관심이 많은 아이는 하루 종일 개미를 가지고 이렇게 다루고 저렇게 다루며 골병을 들입니다. 식물에 관심 있는 아이는 집에 있는 식물들에게 물을 주고 햇빛을 보여 주며 관찰하는 걸 좋아합니다. 공과 쪽 관심이 있는 아이는 이것저것 분해하고 조립하면서 시간을 보냅니다. 뉴스 시간만 되면 쪼르르 달려와 열심히 듣는 아이는 사회 돌아가는 일이 궁금합니다. 하늘이 왜 파란지, 밤에는 왜 하늘이 까맣게 바뀌는지 궁금해하는 아이에게 과학 지식을 알려 주면 다른 현상도 과학적으로 설명할 수 있는지 계속 질문합니다. 역사책을 읽고 위인전을 좋아하고 이야기를 좋아하는 아이도 있습니다. 만들기나 꾸미기, 그리기에 관심 있는 아이들 중에는 정밀화로 곤충을 그리기도 하고 예쁜 소품을 만들어 친구들에게 선물하는 아이도 있습니다. 발명을 하겠다며 물건들을 모아 무언가를 만들어 대는 아이도 있습니다. 과학 실험에서 화학 반응에 의해 투명한 액체의 색이 변하고 기체가 확 올라가는 모습을 보며 연금술사를 꿈꾸는 친구도 있습니다. 수업 준비를 위해 자료를 조사하라고 하면 신나게 여기저기 알아보고 깔끔하게 정리하는 아이도 있습니다.

우리 아이는 무엇을 좋아하고 잘하나요? 먼저 아이에게 물어보고 관찰하다가 도와달라고 하면 같이 해결해 보려고 애쓰는 가운데 아이의 적성을 발견할 것입니다. 최근 지문이나 손을 통해 적성을 알아보는 기회가 생겼습니다. 부모 입장에서 보면 시간을 들여 아이의 커 가는 모습을 지켜보는 것보다 빨리 적성을 알아보는 방법이라고 생각할 수 있습니다. 하지만 아이가 커 가는 모습을 지켜보는 것으로 적성이 드러나는 경우가 있으니 평상시 아이와의 관계에서 찾아내는 것이 더 현명하다고 여겨집니다. 부모 자신의 어린 시절을 떠올려 보면 알 수 있듯이 시간과 환경에 따라 변하기도 하는 적성은 사춘기가 지나면서 또 바뀔 수 있습니다.

필자는 아이들에게 문과와 이과를 나누는 기준을 얘기해 줍니다. 우선 이과생은 자연 현상에 관심이 많습니다. 심지어 인문·사회 관련 공부를 싫어해 이과를 선택하는 아이들도 있습니다. 이 학생들에게는 문·이과통합교육에서 지향하는 인문학적 소양을 갖춘 자연과학자를 잘 설명해 주며 이젠 모두 관심을 갖자고 강조합니다. 문과생은 사회 현상이나 역사에 관심이 많습니다. 과학 과목보다는 사회 과목 공부가 훨씬 재미있습니다. 수학을 잘하는 아이들에게 문과 쪽 전공을 권하기도 합니다. 필자가 문과·이과를 공부해 보니 문과 쪽에서 수학을 잘하면 경영과 경제, 통계 분야까지 선택 폭이 넓어지기 때문입니다. 이과는 과학을 잘하거나 좋아하는 아이에게 권합니다. 대학에 들어가면 이과생은 수학이 공통 과목입니다. 과학 분야별로 전공이 정해지기 때문에 이과를 선택할 아이에게는 과학이 중요한 방향키가 된다고 강조합니다.

대학에서 공학을 공부한다면 수학과 물리는 기본 과목입니다. 이과생 중 수능 선택 과목이 물리가 아니거나 고등학교에서 이과인데도 물리를 배우지 않았다면 공대 진학 전에 고민해야 합니다. 대학 입학하자마자 물리 테스트로 수준별 수업이 진행될 만큼 중요한 과목이기 때문입니다. 자연과학대는 물리, 화학, 생물, 수학 기초가 필요한 만큼 고등학교에서 배우지 않은 과목은 미리 공부하고 수업에 임하는 것이 좋습니다. 문과생의 경우 동서양 사상사나 동아시아,

세계사, 사회문화에 대한 과목 중 배우지 못한 것이 있으면 미리 고교 교재라도 한번 봐 두어야 합니다.

문·이과통합교육과정에서 아이들이 과목 선택을 할 때 대학 전공에 대해 고려하고 정하면 좋겠지만 실제로 중요하게 생각하지 않을 것 같아 걱정입니다. 배우고 싶은 수업들을 이것저것 신청하는 일이 생기면 대학 진학을 위한 내신에 문제가 생깁니다. 대학에서 인정하는 내신은 이과와 문과 관련 과목이 범주별로 정해져 있어 전공 관련 과목을 선택할 때 진학할 전공에서 인정하는 수업인지 확인해 보아야 합니다. 자신이 원하는 전공으로 진학하는 것이 보장되어야만 대학 전공과 관련된 과목을 선택할 것입니다.

하지만 대부분의 아이는 전공을 미리 보장받지 못합니다. 결국 학교와 학과 중 선택해야 합니다. 좋은 학교 원치 않은 과에 들어가 원하는 학과로 전과하든지 학교에 미련을 두지 말고 원하는 학과에 진학할 것인지 선택해야 합니다. 성적과 관련 활동 중심으로 원하는 대학에 갈 수 있는 아이들은 성적이 좋습니다. 결국 수능시험 절대평가에서도 대학에 입학할 수 있는 성적이 나와야 하기에 성적이 잘 나올 과목을 선택하는 학생이 많을 것입니다. 전공을 정하고 관련 과목들을 선택하여 좋은 성적을 받으려면 성향에 따라 학습 전략을 짜고 문·이과통합교육과정을 잘 이수해야 합니다.

04
성향별 학습 지도

학습 지도에서는 예체능 계열의 전공자를 제외하고 문과와 이과 전공을 중심으로 지도법을 소개할 예정입니다. 예체능 분야 지도법을 제시하기 어려운 것은 이 분야는 타고난 소질의 영향이 크기 때문입니다. 2017년 전공별 대학 정원을 보면 공학 계열을 제외한 전 분야에서 입학 정원이 줄어들고 있습니다. 비중으로 보면 예체능 계열은 원래 다른 분야보다 정원이 적었으나 입학 정원 감소 경향은 계속될 것 같습니다. 지금은 인문·사회 정원(12만 9,175명)보다 공학 계열 정원이 두 배 정도 늘어나면서 이공 계열 정원(15만 4,984명)이 더 많습니다.[6]

---

6 그림 5-3 2017학년도 4년제 대학 전공 분야별 입학 정원과 조정 인원(231쪽) 참조.

이렇게 지난해 발표 정원보다 크게 달라진 것은 정부의 '산업 연계 교육 활성화 선도 대학'(프라임 사업) 지원 정책에 따른 것입니다. 대학 정책 3년 예고제가 시행되고 있으나 정부에서 대학 지원 사업을 추가하며 입학 정원에 큰 변화를 주어 이과 계열 외의 학생들에게 영향을 주었습니다. 앞으로 자연과학 계열 정원도 계속 줄어들 예정이지만 문·이과통합교육과정이 진행되면 인문·사회 계열 정원이 줄어드는 상황은 지속될 것입니다. 공학 분야도 인공지능, 바이오·의공학, 자동차, 첨단 기계 시스템 등 특정 학과의 정원이 늘어날 예정이어서 그 분야에 관심 있는 학생들에게는 희소식이나 타계열 학생들에게는 대학 입학을 위해 전공에 적응해야 하는 강제 상황이 생긴 것입니다.[7]

비전이 있는 학과라도 공부가 재미없으면 중도 포기자가 생기기 마련입니다. 또 다른 공시생을 생산해 낼 이 문제는 당장 드러나지는 않더라도 인문·사회 계열 전과자나 복수전공자가 늘어나는 기현상을 일으킬 것입니다. 실제로 필자는 대학 입학 후 교차 지원한 인문 계열 학생들이 중도에 포기하고 유학을 떠나는 사례를 접하고 있습니다.

성향별 학습 지도에서는 문과와 이과를 중심으로 아이가 적성에 맞는 전공을 택하고 자기 성향에 맞게 잘 준비하도록 성향별 기본

---

7 표 5-2 프라임 사업 선정 대학 전공 참조.

그림 5-3 **2017학년도 4년제 대학 전공 분야별 입학 정원과 조정 인원 (단위=명)**

공학 92,945	인문·사회 129,175	자연과학 62,039	예체능 37,916
6,033	-8,274	-1,521	-1,674

204개 대학 기준, 조정 인원은 2015년 4월 계획과의 차이, 자료: 한국대학교육협의회

표 5-2 **프라임 사업 선정 대학 전공**

산업 연계 교육 활성화 선도 대학(PRIME) 사업 선정 대학(가나다 순)
대형 유형: 연간 150억 원 내외, 3년 지원

대학명	주요 중점 분야	정원 이동 규모(명)	대학명	주요 중점 분야	정원 이동 규모(명)
건국대	바이오 (농수산 6차 산업의 생명) ICT 융합, 미래 에너지	521	영남대	지능형 로봇, 미래 자동차, 융복합 소재, 화학	317
경운대	항공(서비스, 기계, 무인기)	262	원광대	농생명, 스마트 기계, 디지털콘텐츠공학	535
동의대	기계, 자동차, IT 융합, 신소재	485	인제대	의생명 헬스 케어, 미래 에너지, 디자인 엔지니어링	420
숙명여대	ICT 융합공학, S/W, 기계 시스템	250	한양대 (ERICA)	S/W 융합, 나노광전자학, 화학분자공학	247
순천향대	의료 융복합 웰니스, 빅 데이터, 문화 콘텐츠	369			

소형 유형: 연간 50억 원 내외, 3년 지원

대학명	주요 중점 분야	정원 이동 규모(명)	대학명	주요 중점 분야	정원 이동 규모(명)
건양대	기업 S/W, 의약 바이오, 재난 안전	170	상명대 (천안)	시스템 반도체, 지능형 로봇, 태양광	273
경북대	글로벌 S/W 융합	100	성신여대	융합보안공학, 서비스디자인공학, 바이오 에너지	265
군산대	해양, 운송, 융합 기술 창업, 공간 디자인	142	신라대	지능형 자동차, 융합 기계	202
대구 한의대	화장품, 제약공학	170	이화여대	바이오헬스, S/W, 미래사회공학	193
동명대	조선 해양 시스템, 스마트 모바일, 기계공학	110	한동대	ICT 융복합(창업)	70
동신대	에너지 신산업, 전기차	145	호남대	미래형 자동차, 전기공학	105

태도와 학습 태도를 알아보겠습니다. 이외에도 성향별로 실제 수업에 어떤 태도를 보이는지 알아보기 위해 초중고 교육 내용에 대한 예상 태도와 문과·이과 선택 기준에 대해 다루어 보겠습니다. 예상되는 태도나 선택 기준을 다루는 것은 필자의 경험을 바탕으로 나눈 기준이기에 예외 사항도 있으리라는 염려 때문입니다.

성향별 예상되는 학습 태도 장단점

아이의 학습 태도는 전공을 선택하고 좋은 성과를 내는 과정에서 결정적인 요소가 됩니다. 성향별 예상 학습 태도의 장단점을 통해 보완해야 하는 점을 점검하겠습니다. 먼저 학습 태도 이전에 정보탐색형 아이와 스토리형 아이의 예상 태도를 살펴봐야 합니다. 각각의 기본 성격을 이해해야 학습 태도에서 일어날 다양한 가능성을 예측하고 문제를 해결할 수 있는 아이디어가 생깁니다.

정보탐색형 아이의 예상 기본 태도

정보탐색형 아이는 의사소통이 수동적인 편이라 누군가 질문하면 대답은 잘하지만 자신이 먼저 질문하는 일은 거의 없습니다. 선택 기준도 '잘할 수 있는 것'입니다. 실패하면 다시 시도하려는 마음이 안 생기는 유형이라 실패할 것 같은 일은 꺼립니다. 다른 사람이 잘할 것 같다고 해도 듣지 않고 결국 하더라도 잘하지 못합니다. 실력 부족보다는 잘하겠다는 의욕이 부족합니다. 결국 실패하면 자신의 판단을 확신해 버리기 때문에 다시 시도하기가 쉽지 않습니다. 잘한다는 칭찬도 구체적인 사례를 들지 않으면 예의상 하는 칭찬으로 받아들일 뿐입니다. 칭찬으로 한번 실패한 일을 다시 시작하게 만들려는 생각은 그만둬야 합니다.

정보탐색형 아이는 생각도 비판적이거나 비관적으로 하는 편입니다. 아이가 불만을 쏟아내더라도 심각하게 생각할 필요 없습니다. 마음에 묻어 두고 얘기하지 않는 경우가 더 심각한 문제를 안고 있다고 봅니다. 들어 주기 괴로워도 끝없이 투덜거리는 아이는 스트레스를 말로 푸는 중이라고 생각하면 됩니다.

다만 스스로 끝낼 줄 모르기에 조용히 듣다가 그만 하자고 하면 깔끔하게 끝냅니다. 스스로 끝내지 못하는 이유는 생각이 꼬리를 물기 때문이니 스스로 끝내는 연습을 하기 전까지는 얘기를 중단시키는 것이 좋습니다. 선입견이 강하고 의심이 많아서 잘할 수 있는 것만 선택하려 하기 때문에 새로운 일에 도전하거나 새로운 것을 배울때 스트레스를 받습니다. 스트레스는 실패할 것을 두려워하는 것이니 아이에게 잘 설명해 주면 자신이 잘할 수 있는 일인지 판단하여 새로 시작할 용기를 냅니다. 새로 시작하는 일에 대한 사전 정보가 중요한 이유입니다. 사전 정보가 구체적이고 많을수록 아이가 도전할 확률이 높습니다.

스토리형 아이의 예상 기본 태도

스토리형 아이는 자신의 실력이 좋다고 생각하지는 않지만 잘하는 것은 있다고 믿는 등 긍정적인 편입니다. 자신은 행운이 따른다고 생각하여 낙천적이고 낙관적인 사고를 합니다. 실패 경험은 중요하게 생각하지 않습니다. 어차피 확률이 반반인 '잘할 것 같은 일'을 합니다. 하다 보면 되는 게 있을 거라고 생각하는 등 도전 정신이 강합니다. 선입견도 적고 의심도 많지 않습니다. 칭찬도 적극적으로 받아들입니다. 의사소통이 능동적이라 상대를 편안하게 해 주니 인기도 많습니다. 학교에서 학생 대표를 하거나 동아리 부장 등을 할 수 있는 기회가 많습니다.

표 5-3 정보탐색형 아이와 스토리형 아이의 예상 기본 태도

	정보탐색형 아이	스토리형 아이
실패 경험	다시 시도 어려움	다시 시도
사고 유형	비관적/비판적	낙천적/낙관적
선택 기준	잘할 수 있는 것	잘할 것 같은 것
의사소통	수동적 의사소통	능동적 의사소통
칭찬에 대한 반응	잘한 일을 구체적으로 칭찬해야 받아들임	칭찬을 적극적으로 받아들임
선입견	강함	약함
의심	많음	적음
도전 정신	약함	강함

정보탐색형 아이의 예상 학습 태도

정보탐색형 아이와 스토리형 아이는 학습 목표 실행 계획이 부족합니다. 하지만 이유는 각각 다릅니다. 정보탐색형 아이는 굳이 계획을 세우지 않아도 닥치면 한다는 생각이 확고해서 계획을 꼼꼼하게 세우지 않습니다. 이 아이는 일주일 시간표를 짜는 습관이 필요합니다. 평상시 일주일간의 일정을 정하면 그대로 실행하는 데 어려움이 없습니다. 주의할 점은 소요 시간을 꼭 계획해야 한다는 것입니다. 그래야 다른 일정이 생겨도 보충할 시간을 예측할 수 있습니다.

시간은 개인마다 차이가 있으니 여유 있게 정하는 것이 좋습니다. 예를 들어 시험 전에 모든 과목을 다 본다는 계획을 세우지만 과목마다 공부하는 데 걸리는 시간은 고려하지 않습니다. 또한 과목별 시험 범위까지 한 번에 공부하는 유형이어서 진도가 끝나는 시험 일주일 전에 공부를 시작합니다. 중간고사 때는 범위가 작아 끝까지 할 수 있을지 모르나 기말고사 때는 다 보지 못하고 시험을 칩니다. 본 내용은 다 맞히나 못 본 내용은 거의 틀립니다. 그래서 예습이 유리합니다. 수업 시간에 예습하면서 빠뜨린 부분을 확인하고 시험 때 공부해야 진도까지 완벽하게 준비됩니다.

다행인 것은 학습 기억력이 뛰어나다는 점입니다. 긴장하면 밤을 새우더라도 다 해내는 학습 목표 지향성이 있습니다. 실패를 두려워하여 실패하면 다시 시도하는 것이 어렵기 때문에 경험하지 않거나 준비가 되지 않은 채 시작하는 일은 조심해야 합니다. 미리 공부하지 않은 정보탐색형 아이는 모르는 분야라고 치부해 관심을 두지 않으며 적극적으로 공부하지 않고 결국 포기합니다. 선입견이 강한 이 아이는 무조건 예습 혹은 선행을 권합니다.

정보탐색형 아이는 자신이 무엇을 모르는지 정확히 압니다. 하지만 그 해결책은 잘 알지 못합니다. 미리 공부하며 자신이 몰랐던 부분을 해결하는 시간을 확보하는 것이 좋습니다. 처음 배울 때 이해되지 않는 분야가 있다면 꼭 체크해 두어야 합니다. 대부분 주관적으로 이해하고 이론의 개념 논리를 따라가지 않아서 생기는 오류입니다. 그대로 두면 시험 때도 계속 오인해서 문제를 풀기 때문에 잘 틀립니다. 해결책은 문제 풀 때 생각의 시작점이 어떻게 다른지 확인하는 것입니다.

표 5-4 **정보탐색형 아이(고등학생)의 주간 시간표 예시**

	월	화	수	목	금	토	일
오전 자습 시간			영어 교과서 공부(30분)			국어 학원 숙제 (3시간)	늦잠
학교						국어 학원	수학 학원 숙제 (3시간)
오후 방과 후	영어 학원	수학 학원 숙제 (3시간)	수학 학원	사회 공부 (2시간)	영어 학원		수학 학원
저녁		과학 공부 (1시간)		영어 학원 숙제 (2시간)		수학 학원 숙제 (3시간)	
밤		수학 교과서와 문제집 인터넷 강의(2시간)				영어 학원숙제 (2시간)	과학 공부 (3시간)

이 아이는 독서량은 많으나 글쓴이의 생각에 관심이 없어 주제나 키워드를 자기 생각대로 정하는 약점이 있습니다. 책 제목부터 글쓴이의 생각을 염두에 두고 읽어 내려가는 습관이 필요합니다. 아는 것과 생각이 많은 아이에게 글쓰기는 오히려 부담이 됩니다. 읽는 사람을 고려하지 않은 글 흐름 때문입니다. 글을 쓰기 전에 주제를 정리하고 전개 전략을 짜는 습관이 필요합니다. 무계획적으로 글을 쓰면 중언부언하여 본론이 산만해지다 결론은 너무 간단하게 끝나 버립니다. 대안이나 자신의 생각을 설득력 있게 잘 표현한 결론이 나오기 어렵습니다. 다른 사람들이 무엇을 더 궁금해하는지 염두에 두지 않고 아는 것을 나열하듯이 쓰기에 지루한 글이 될 수 있습니다. 미리 전하고 싶은 메시지를 정리하고 전개하는 목차를 구성하는 연습이 필요합니다.

모둠활동 등 친구들과 협력해야 하는 활동을 할 때는 그 활동에 대해 정확히 이해하거나 할 필요가 있다고 판단하면 참여하겠지만 그렇지 않으면 무관심하고 참여하지도 않습니다. 협력을 중요하게 생각하는 모둠활동도 자신의 판단으로 참여 여부를 결정하기 때문에 예습을 통해 교육 목표나 내용을 미리 생각하게 한 뒤 필요하지 않다고 판단한 이유를 들어 보고 같이 얘기하는 기회를 가져야 합니다. 이 활동이 중요하니 꼭 참여하라고 밀어붙이면 반발만 더 커집니다. 이 활동이 교육 과정에 들어간 이유를 생각해 보는 계기를 마련하면 이번엔 참여하지 않아도 다음엔 고려해 보고 그다음엔 참여하게 됩니다. 세 번의 기회를 준다 생각하고 스스로 묻고 결론 내리는 습관이 생기도록 규칙적으로 물어보는 것이 중요합니다. 물론 답은 아이가 내야 합니다.[8]

스토리형 아이의 예상 학습 태도

스토리형 아이는 학습 목표 실행 계획이 부족합니다. 그 이유는 자신감 부족입니다. 이 아이는 수업을 들으면서도 자신이 무엇을 모르고 무엇을 아는지 뼈저리게 느끼고 있습니다. 계획을 세워 잘해보고 싶지만 기초가 너무 부족하다 보니 시작할 엄두를 내지 못합니다. 닥쳐서 후회도 하지만 당장 해결되는 게 아니니 현실을 직시하고 목표 성적을 어떻게 맞출지 계획을 세웁니다. 목표 성적은 80점대로 예상합니다. 남들을 의식하는 타입이라 크게 뒤지지 않을 정도의 목표를 잡습니다. 하지만 수행 평가 점수는 공개되기에 만점을 맞으려고 노력합니다.

이 아이는 수업 시간에 놓치는 것이 많아서 복습이 중요합니다. 계속 복습하면 내용 이해에 자신이 생기고 예습도 시도하는 편입니다. 예습은 과목별 용어나 개념 정리 수준이면 됩니다. 어휘 실력이 수업을 이해하는 데 영향을 주기 때문에 단원에 나오는 어휘를 미리 익히면 큰 도움이 되고 공부하는 재미도 생깁니다.

---

8 표 5-5 정보탐색형 아이와 스토리형 아이의 예상 학습 태도 장단점 참조.

표 5-5 정보탐색형 아이와 스토리형 아이의 예상 학습 태도 장단점

	정보탐색형 아이	스토리형 아이
학습 목표 실행 계획	△	△
학습 목표 지향성	○	△
학습 계획성	△	○
학습 지도 방법	예습 유리	복습 유리
공부 완성도	◎/×	△
학습 기억력	○	△
생활 기억력	○	◎
독서	다독	필독
협력	독자성/무관심	협력
쓰기	용두사미형	글자 제한 강함

스토리형 아이는 학습 계획성(준비성)은 좋은 편입니다. 준비물을 챙기거나 사전에 조사할 내용이 있으면 미리 챙깁니다. 학습 목표 지향성은 정보탐색형 아이에 비해 떨어집니다. 학습 목표보다는 학습 활동 그 자체에 관심이 많습니다. 학습 기억력은 떨어지는 편이라고 스스로 생각하며 외우려 들지 않습니다. 이런 자세는 영어 단어나 국어 어휘, 과목별 어휘를 익히는 데 큰 장애가 됩니다. 노력 없이도 기억되는 것만 좋아합니다. 생활 기억력은 굉장히 뛰어납니다. 독서는 필독서만 조금 읽습니다. 통독하기 어려운 타입입니다. 시작과 끝만 읽고 결론을 알아내는 걸 좋아합니다. 주제 파악은 잘

하는 편입니다. 남의 생각에 관심이 많은 편이어서 키워드 찾는 일도 잘합니다. 정확하게 키워드의 어휘를 기억하지 못해서 말을 못할 때도 있습니다. 한자어 익히기에 신경 쓰면 어휘력은 훨씬 좋아집니다.

모둠활동이나 역할이 주어질 때는 협력을 잘합니다. 리더십이 중학교 때부터 드러납니다. 쓰기는 글자 제한이 있는 글쓰기에 특히 강합니다. 아는 게 많지 않고 결론을 미리 생각하는 센스가 있습니다. 안타까운 것은 아는 주제에 대해서만 그 능력이 발휘된다는 것입니다. 스스로 뛰어나지 않다고 생각하기 때문에 실패 경험이 큰 영향을 주지 않습니다. 특유의 센스로 성공할 만한 것을 찾아내는 능력이 있습니다. 스토리형 아이가 하고 싶어 하는 일은 적극적으로 지원해 줘야 합니다.[9]

성향별 예상되는 초중고 교육 내용별 태도

초중고등 교육 과정을 배우면서 아이의 성향이 도움되는 경우도 있고 좀 더 노력해야 하는 상황도 발생할 수 있습니다. 학교 교육 과정은 크게 교과 학습과 창의적 체험 활동으로 나뉩니다. 교과 학습은 국어, 영어, 수학, 사회, 과학 등의 과목 수업과 수행 평가를 말하

---

9 표 5-5 정보탐색형 아이와 스토리형 아이의 예상 학습 태도 장단점(239쪽) 참조.

고 창의적 체험 활동은 초등학교 3학년부터 시작하는 자율 활동, 동아리 활동, 봉사 활동, 진로 활동 수업입니다.

교육 내용별 태도에서 눈여겨볼 점은 정보탐색형 아이는 교육 내용에 따라 공부에 적극적일 수도 있고 무관심한 태도를 보이기도 한다는 것입니다. 실패를 싫어해서 자신 없는 부분은 포기하는 성향 때문에 생기는 결과입니다. 말하기와 듣기 부분은 미리 공부하지 않아도 자신 있지만 관심이 없으면 아예 참여하지 않습니다. 쓰기는 초등학교 때부터 중고등학교에 진학한 후에도 계속 잘하는 아이들도 있지만 점점 아는 내용이 없어서 포기하기 시작합니다. 모르는 얘기는 더 알려고 노력하기보다 포기하겠다는 생각을 합니다.

초등학교 때부터 생기는 수학 포기자, 국어 포기자, 영어 포기자 등이 정보탐색형 아이입니다. 정보탐색형 아이의 학교 성적은 상위권과 하위권으로 극명하게 나누어집니다. 반면 스토리형 아이는 중간 성적 그룹에 속합니다.

정보탐색형 아이의 예상 교육 내용별 태도

정보탐색형 아이는 교과 학습보다 창의적 체험 활동에 더 소극적입니다. 내신이 좋아서 대입 수시 전형인 '학생부 종합 전형' 지원을 생각한다면 적극적으로 활동하지만, 내신이 나쁘다고 판단되면 수능 점수로 지원하는 정시 합격을 위해 학교 수업에 무관심해집니다. 수능 준비를 위해 기출 문제집이나 풀겠다는 생각을 하지만 치밀한

계획을 세우는 유형이 아니어서 막연하게 시간을 보내는 경우가 많습니다. 문과와 이과에 상관없이 학교 성적이 수업에 충실할지 여부에 영향을 미칩니다. 성적이 좋은 아이는 열심히 하고 성적이 좋지 않은 아이는 막연히 재수를 생각하거나 대학 대신 기술을 배워 빨리 돈을 벌겠다고 합니다. 고등학생인데도 자신의 미래에 관심이 없다면 지켜보는 부모는 가슴이 답답합니다. 정보탐색형 아이는 자기 주장이 강해서 부모의 조언에 큰 변화가 생기지 않는다면 주변에서 아이의 얘기를 들어 줄 조언자를 찾아보는 것도 좋은 방법입니다.

'교과학점제'나 '선택 과목'에서 전공과 관련이 없는 과목을 선택할 수도 있습니다. 이 아이는 자신이 공부한다면 된다는 믿음이 있기 때문입니다. 하지만 막상 수업을 들으면 처음엔 괜찮다고 하다가 어느 순간 따라가기 어려우면 포기하는 바람에 성적은 엉망이 됩니다. 그래서 정보탐색형 아이가 성적 하위권이 되는 것입니다. 설득이 되지 않으니 구체적으로 그 과목에서 배울 내용을 아는지 물어봐야 합니다. 사전 정보를 알아보지 않아 잘 설명하지 못하면 자신의 선택을 의심하고 다시 고려해 보기도 합니다. 대신 그 분야에 대한 관심이 있을 경우 책이나 다양한 경로를 통해 배울 수 있다고 조언해 주면 생각해 보겠다고는 하나 큰 진전은 없을 것입니다. 새로운 것에 대한 호기심은 있지만 실패하는 게 싫어서 배워 보려는 용기는 잘 내지 않습니다.

스토리형 아이의 예상 교육 내용별 태도

스토리형 아이는 교육받는 동안 읽기 부분의 실력에 큰 변화가 없습니다. 읽기 노력을 안 하는 것은 아니나 자신이 좋아하거나 이해하기 쉬운 책만 읽어 온 습관 때문에 생긴 결과입니다. 독해력이 부족합니다. 실제로 국어와 영어 시험에서도 독해력이 걸림돌이 됩니다. 단순하게 전개되는 글은 쉽게 이해하지만 까다롭거나 논리적으로 복잡한 구조의 글은 난감해합니다. 어휘나 단어를 안다고 해결되는 문제가 아니라 배경 지식이 부족한 게 주요 원인입니다. 하지만 시는 함축적인 의미를 잘 파악합니다.

말하기는 중학교부터 잘합니다. 자기 의견을 분명하게 표현하는 실력은 친구들과의 수다가 많아지는 사춘기를 지나면서 수준이 높아집니다. 듣기는 중학생이 되면서 실력이 불안해지는데 초등학교 때보다 폭넓은 지식이 요구되는 터라 배경 지식을 알면 잘 알아듣지만 그렇지 않은 경우에는 노트 필기도 틀리게 합니다.

스토리형 아이가 돋보이는 교육 과정은 창의적 체험 활동입니다. 교과 학습보다 더 큰 의욕을 보이고 적극적으로 참여합니다. 스토리형 아이는 포기할 줄 모르는 의지로 성공을 위해 여러 번 시도합니다. 모르는 영역도 관심이 있으면 일단 공부를 시작합니다. 고등학교에서 이과와 문과를 나눌 때 공부 잘하는 아이들이 이과 선택을 많이 하면 본인의 실력과 관계없이 일단 이과를 원합니다. 이과 공부가 큰 부담이 되더라도 할 수 있는 공부를 하며 중간 정도의 실력을 유지해 온 노하우와 교과 외 수행 평가 점수로 반전을 노립니다. 하지만 고등학교 수행 평가 점수는 큰 비중이 아니어서 성적을 유지하는 데 어려움이 많습니다. 암기보다 이론을 기반으로 응용 문제를 푸는 과학 과목의 경우 과목 간 점수 격차가 큽니다. 생물이나 지구과학은 성적을 올릴 수 있으나 심화 문제가 나오는 물리나 화학은 거의 풀지 못합니다.

표 5-6 정보탐색형 아이와 스토리형 아이의 예상 초중고 교육 내용별 태도

		정보탐색형 아이		스토리형 아이	
		교과 학습	창의적 체험 활동	교과 학습	창의적 체험 활동
초등	말하기	○	○/×	△	○
	듣기	△	△/×	◎	◎
	읽기	◎/×	○/×	△	△
	쓰기	○	○	○	△
중등	말하기	○	○/△	○	◎
	듣기	△	△/×	○	○
	읽기	◎/×	○/×	△	○
	쓰기	○/△	○/△	○	○
고등	문과	○/×	○/×	△	◎
	이과	○/×	○/×	△	◎

- 창의적 체험 활동은 초등학교 3학년부터 시작하는 자율 활동, 동아리 활동, 봉사 활동, 진로 활동 수업입니다.
- ◎ 아주 잘함 ○ 잘함 △ 보통 × 못함
- ◎/× 아주 잘함 혹은 못함

하지만 스토리형 아이는 중하위권 대학 학생부 전형에 적합합니다. 성적은 중간이지만 창의적 체험 활동은 화려합니다. 전공적합성 측면에서 본다면 과학을 잘하지는 못하지만 좋아하는 아이임이 분명합니다. 스토리형 아이는 문과 계열 진학자도 마찬가지입니다. 늘 경시 대회와 학교 프로그램에 관심을 가지고 열심히 정보를 수집합니다. 자신의 실력으로 상을 탈 만한 대회가 있는지 인맥을 동원해 정보를 얻고 기출 문제를 중심으로 준비합니다. 평상시에도 이런 적극성을 보인다면 전교권이 되겠지만, 될 것 같을 때만 열정을 쏟아내는 타입이라 더 기대하면 안 됩니다.

대학도 정시보다는 최저 등급만 맞추면 되는 수시를 통해 더 좋은 대학에 갈 수 있습니다. 대학 진학 후에도 기초 실력이 부족해 고생하지만 시간이 지나면서 점차 실력이 안정됩니다. 스토리형 아이는 자신이 원하는 전공 분야가 분명합니다. 대학 진학 때 아이의 의견을 꼭 반영해야 합니다. 하고 싶은 분야가 자신이 잘하는 분야라는 것을 알고 선택하기 때문입니다.[10]

성향별 예상되는 문과·이과 전공 선택 기준

탐색형 아이와 스토리형 아이의 문과·이과 선택 기준을 알아보

---

10 표 5-6 정보탐색형 아이와 스토리형 아이의 예상 초중고 교육 내용별 태도 참조.

는 것은 매우 중요합니다. 현실에 바탕을 둔 선택을 하면 이후 교육 과정도 잘 따라가지만, 그렇지 못하고 마음 가는 대로 선택할 경우 계속 어려움을 겪기 때문입니다.

정보탐색형 아이의 예상 문과·이과 선택 기준

정보탐색형 아이는 인지도가 높은 분야의 직업은 정보를 가지고 있지만 정작 자신이 하고 싶은 공부에 대해 잘 아는 경우는 많지 않습니다. 책도 많이 읽고 정보 탐색도 하고 주변 사람들의 조언도 듣지만, 자신이 정할 전공을 진지하게 고민하기보다 그 분야로 진학해서 배우겠다는 생각이 크기 때문입니다. 자기소개서 작성에 어려움을 겪는 것도 이런 막연한 생각 때문입니다. 상담해 보면 아이가 아는 것은 많은데 정작 전공에 대한 열의가 떨어지는 느낌을 지울 수 없습니다. 전공에 대한 궁금증이 없습니다. 공부는 열심히 하지만 정작 꿈을 어떻게 성취할 것인가에 대해서는 생각하지 않기 때문인 듯합니다.

성적 상위자의 이과 선택 비율이 높은 것은 이미 수능 준비가 된 실력이라 인기 학과 지원이 가능하기 때문입니다. 이과 지원자 중 많은 수가 의학 계열 진학을 원합니다. 모의고사를 보면 국어, 영어, 수학, 탐구 과목이 거의 1등급입니다. 정보탐색형 중 문과 상위 성적 아이는 주로 경영·경제학과 혹은 통계학과를 지원합니다. 이 아이들은 로스쿨이나 명문대 진학을 염두에 두고 공부합니다.

정보탐색형 중 중위권과 하위권 성적 아이는 이과 선택을 선호하는 편입니다. 수학과 과학 중 하나만 잘해도 대학 진학이 가능한 학교나 학과가 있기 때문입니다. 게임에 심취한 아이는 게임 관련 학과나 소프트웨어 쪽에 특기자 전형으로 들어갈 수 있다 보니 집중력이 좋아 한 가지를 열심히 하는 아이에겐 또 다른 기회가 되기 때문입니다.

정보탐색형 중에 직업반을 선택하는 아이들도 있습니다. 공부보다는 기능을 익히고 자신만의 전문성으로 승부를 걸어 보겠다는 것입니다. 실제로 직업반에서 기능사가 되어 취업한 뒤 더 공부하기 위해 대학에 진학하는 경우도 있습니다. 안타깝게도 정보탐색형 아이는 대학 진학 후 전공을 고민하는 경우가 많습니다. 하고 싶은 일이 아니라 하기 싫은 게 뚜렷한 선택 기준이기 때문입니다. 학과나 전공을 바꾸려 할 때도 원하는 분야가 있는 게 아니라 지금 공부하는 전공이 싫은 것이지 새로운 전공에 대한 정보가 많지 않습니다. 정보탐색형 아이가 전공에 불만을 보이면 그 대안이 있는지, 그 대안이 구체적인지 물어보고 스스로 점검하여 올바른 선택을 하도록 지도해야 합니다.

스토리형 아이의 예상 문과·이과 선택 기준

스토리형 아이는 성적이 좋으면 이과를 선호하는 편입니다. 공간지각력이 뛰어나고 발명에 관심이 많습니다. 자기가 좋아하는 분야에 관심이 커서 대학 진학 후 다양한 성과를 얻을 수 있습니다. 특이한 점은 스토리형 아이가 성적이 우수하면 예체능 쪽 지원도 한다는 것입니다. 지역 균등 전형으로 서울대 미대나 체육교육학과 쪽에 지원합니다.

스토리형 중 중위권 아이는 이과를 선택합니다. 수학이나 과학을 아주 잘하지는 못해도 생물처럼 좋아하는 과목이 있거나 암기가 많은 사회탐구를 싫어하기 때문입니다. 공부 잘하는 아이들이 이과를 선택하는 분위기에도 영향을 받습니다. 내신 성적은 시험 수준에 영향을 받기는 하지만 국어와 영어 과목의 도움으로 큰 기복 없이 중위권을 유지할 수 있습니다.

스토리형 중 하위권 아이는 문과를 선택합니다. 이과보다 노력하는 시간을 덜 들여도 성적을 올릴 수 있는 기회를 얻기 위해서입니다. 예체능 쪽으로 일찌감치 방향을 정하고 적극적으로 입시 준비를 하여 대입에 성공하는 경우도 있습니다. 대학 진학 후에는 다양한 관심과 경험으로 자신만의 길을 찾아가는 센스가 돋보입니다. 스토리형 아이는 입시에서 조금 어려움을 겪을 수 있으나 다양한 경험을 좋아하고 실패를 두려워하지 않아 자신만의 전문 분야를 구축하는 저력을 보입니다.[11]

---

11 표 5-7 정보탐색형 아이와 스토리형 아이의 고1 성적 수준별 예상 전공 참조.

표 5-7 정보탐색형 아이와 스토리형 아이의 고1 성적 수준별 예상 전공

	성적	문과 선택	이과 선택	기타
정보탐색형 아이	상위	○	◎	
	중위	△	○	
	하위	△	○	직업반
스토리형 아이	상위	△	○	예체능 ●
	중위	△	○	
	하위	○		예체능

● 예체능은 음악, 미술, 체육, 무용, 예능 등을 포함합니다.

인문·사회·과학 소양을 가진 창의 인재 육성을 위한 아이디어

2018년에 실시되는 문·이과통합교육과정은 초중고에 이르는 동안 인문·사회·과학 소양을 가진 창의 융합 인재를 기르는 데 그 목표를 두고 있습니다. 문과·이과를 따로 정하지 않고 전공에 필요한 공부를 선택하는 기회가 주어졌으니 더 깊은 공부를 원하는 아이에게는 좋은 기회입니다. 하지만 대부분의 아이는 전공이나 진로를 정하지 못한 상태입니다. 하지만 결정을 못하더라도 개인 성향에 맞게 잘할 수 있는 것이든 잘할 것 같은 것을 전공으로 선택하게 됩니다. 정말 인문·사회·과학 소양을 가진 창의 융합 인재를 만들 수 있을까요?

필자가 상담한 경험으로는 문과·이과 과목에 두루 관심을 보이

는 아이가 있기는 하나 대부분의 아이는 관심이 한쪽에 치중된 편입니다. 과목에 관심 있는 것과 소양을 개발하는 것은 다릅니다. 먼저 인문·사회·과학 소양에 대한 필자의 기준을 밝히고 이과 아이에게 문과 소양을 지도하는 아이디어와 문과 아이에게 이과 소양을 지도하는 아이디어를 다루어 보겠습니다.

인문·사회·과학 소양이란?

인문·사회·과학 소양이란 무엇인가, 묻는다면 인문적 소양은 인간을 성찰하는 것이고 사회과학적 소양은 사회 현상을 탐구하는 것이며 자연과학적 소양은 자연 현상을 탐구하는 것이라 답하겠습니다. 그럼 인간을 성찰하는 것은 무엇일까요? 사전에서는 인간과 인간의 근원 문제, 인간의 사상과 문화에 관해 탐구하는 것이라고 합니다. 인문학은 고전학, 역사, 언어, 문예학, 음악사학, 공연예술학, 철학, 종교학, 미술사학이 있습니다. 사회과학과 자연과학은 인문학과 달리 경험에 바탕을 두는 학문입니다. 사회과학은 인간과 인간 사이에서 일어나는 사회 현상과 인간의 사회 행동을 탐구하는 과학의 한 분야입니다. 사회과학 분야는 인류학, 사회학, 경제학, 정치학, 심리학, 지리학, 법학, 경영학, 행정학, 문헌정보학, 고고학, 역사학입니다. 자연과학은 물리, 화학, 생물, 지구과학 등이 해당됩니다.

최근 전공자 인원을 크게 늘리고 있는 공학은 자연과학뿐만 아니라 인문·사회과학 쪽에도 적용할 수 있습니다. '공학적 소양'은 실

표 5-8 인문 · 사회 · 과학 소양에 대한 간단한 요약

	기본 관심	소양
인문학	인간, 사상, 문화	인간의 사상과 문화에 관심
사회과학	사회 현상, 사회 행동	인간관계, 사회 현상, 인간 행동에 관심
자연과학	자연 현상 이해	자연 현상 관찰, 탐구
공학	생활 수준 향상	지식을 문제에 적용하여 해결하려고 애씀

제 목적에 지식을 적용하기 위해 필요한 판단력, 문제 해결을 위한 상상력, 새로운 장치나 공정의 성능과 비용 등을 예측하는 능력입니다. 교육학이 있는가 하면 교육공학이 있습니다. 생물학이 있는가 하면 화학생물공학이나 바이오시스템공학이 있습니다. 기초 학문에 대한 관심과 실용 학문의 경계를 고려해 봐야 합니다. 아이가 관찰이나 탐구에 관심이 많다면 기초 학문 쪽을 권하고 싶습니다. 무언가 뚝딱 만들고 싶어 하고 작동 원리나 일상에서 불편한 일들을 해결하고자 하는 생활밀착형 아이디어가 퐁퐁 솟아나는 아이라면 공학 쪽을 권합니다.

가끔 학생들에게 관심 있는 과목이 무엇인지 물어보곤 합니다. 생물이라고 대답하면 "왜?" 하고 다시 묻습니다. 바로 대답하면 좋아하는 아이입니다. 대답을 못 하는 아이는 자신이 무엇을 좋아하는지 모르거나 잘하는 과목을 선택한 것입니다. 다른 아이들은 이 질문에 어떻게 대답한다고 알려 주면 비로소 다시 생각하고 말합니다. 좋아

하는 아이는 새로운 것을 배우는 데 제한을 두지 않습니다. 필자가 인문·사회·과학 소양에 대해 요약한 표 5-8(251쪽)을 보면서 관심이 편향된 아이에게 어떤 제안을 할 것인지 소개해 보겠습니다.

이과 아이의 문과 소양 개발을 위한 한마디

이과생이 왜 사회 공부를 해야 하냐고 묻는 이과 아이들이 있습니다. 사회 과목이 너무 싫어서 이과를 선택했기 때문입니다. 사회를 암기 과목으로 간주하여 아무 생각 없이 외우는 공부가 싫다는 것입니다. 이 아이들에게 '인간은 사회적 동물이다'라는 말을 들어 봤느냐고 묻습니다. 인간을 왜 사회적 동물이라고 하는 걸까, 라고 다시 물어본 뒤 사회는 무엇으로 구성되었는지 얘기해 봅니다. 사회는 인간과 인간이 만든 공동체라고 결론을 냅니다. 그럼 과학자인 네가 사회와 동떨어져 살아갈 수 있냐고 다시 묻습니다.

일본이 왜 독도가 자기네 땅이라고 하는지 과학자의 시각으로 접근해 봅니다. 일본이 신 에너지원으로 하이드레이트 광물을 연구하는데 독도 근처에 엄청난 양이 매장되어 있어 독도 영유권을 주장한다는 설을 아느냐고 묻습니다. 독도가 우리 땅임을 증명하려면 역사를 알아야 하는데 나 하나쯤 몰라도 상관없겠지 하여 역사 공부를 소홀히 하면 누가 독도를 지키느냐고 합니다.

중국이 동북공정으로 한국의 고대 역사와 연결된 중국 역사를 자기들 마음대로 바꾸면서 중국 아이들에게 공부시키는데 우리는 역사가 외우는 과목이라 싫어서 공부를 안 한다고 해 보자, 중국 아이들이 커서 가짜 역사가 맞는다고 우기면 우리는 역사를 잘 모르니 그런가 생각하며 한국이 중국의 속국이었다는 억지를 받아들이겠는지 묻습니다.

또 기껏 열심히 개발한 물건을 수출하려고 했는데 개발만 했지 수출하는 데 필요한 통상 관련 법이나 계약서 작성을 잘못해서 특허권도 빼앗기고 빚더미에 앉으면 어떻게 하느냐고 묻습니다. 계약 관련 일은 전문 업체에 맡기면 된다는 아이에게 그 업체가 일을 정확히 처리하는지 확인해야 하지 않겠냐고 물어봅니다.

이번에는 사물인터넷 상품을 개발할 때 어떤 상품이 소비자의 마음에 들지 미리 시장 조사도 하지만 처음 개발 단계에서 사람들이 어떤 점을 불편하게 여기는지 관찰하는 일부터 시작하는 것이 아니냐고 묻습니다. 게임을 만들 때도 사람들이 좋아할 만한 아이템이 어떤 것일까 생각해 보지 않느냐고 질문합니다.

계속된 질문에 대답하다 보면 아이는 과학이나 수학만 하는 바보가 되지 않겠다고 생각합니다. 과학자도 사회에서 어떤 일들이 일어나는지 알아야 하며, 인간에 대해 관심을 가지고 생각과 태도 등을 알 수 있는 관련 분야 공부를 병행해야겠다는 얘기도 합니다. 알고 있는 지식으로 생활의 불편함을 해소하기 위해서는 사람들을 관찰하는 습관과 관련 공부도 필요하다고 조언해 줍니다. 사회에 관심이 없는 아이에게 사회에서 벌어지는 일 가운데 궁금한 것을 질문하라고 하며 대화를 시작합니다. 규칙적으로 얘기하는 시간을 가지면 어느새 사회에 재미를 붙여 나갑니다. 인간이나 사회 관련 책을 읽히기보다 신문이나 잡지부터 권하는 것이 좋습니다.

문과 아이의 이과 소양 개발을 위한 한마디

수학을 싫어하거나 과학에 관심 없는 문과생에게 과학을 권하려면 색다른 경험이 필요합니다. 우선 과학이 멀리 있는 게 아니라 생활 속에 있다는 것을 설명해 줍니다. 탄산을 살리면서 탄산음료를 오래 놔두는 방법을 얘기하거나 왼손잡이용 가위가 오른손잡이용 가위와 다른 점을 비교합니다. 물건의 무게중심 축이 사람을 불편하게도 만들고 편하게도 만든다는 걸 알려 줍니다. 지하철 개찰구가 오른손잡이 위주여서 왼손잡이는 불편하다는 사실도 얘기합니다. 지하철공사가 그 사실을 인식했다면 공사할 때 왼손잡이용 개찰구를 하나쯤 만들지 않았을까 하고 질문해 봅니다. 정계나 재계의 최고 결정권자들이 사람들이 살아가는 데 불편한 것을 관찰하는 습관이 있다면 현실성 있는 대안을 내놓지 않았겠느냐고 얘기합니다. 자연 현상을 관찰하며 지은 시 안에 작가의 정신이 어떻게 녹아들었는지 설명합니다.

'문송합니다' 시대에 문과생이 살아남으려면 이과생은 절대 생각하지 못하는 문과만의 무언가가 있어야 한다고 강조합니다. 어떤 것이 있는지 생각해 봤느냐고 물어봅니다. 문과생은 인공지능 시대의 아이디어 뱅크가 되어야 한다고 얘기해 줍니다. 아이디어 뱅크는 문제 해결을 위한 아이디어를 제시해야 하는데 실행 가능한 방법까지도 고려해야 하고 과학 상식을 갖춰야 이과생들이 알아듣게 설명할 수 있다고 알려 줍니다. 문과생은 인간과 사회에 대한 관심이 커서 자연과학보다 공학적 관심에 더 매력을 느낄지도 모릅니다. 공학은 생활과 밀접한 관계가 있기 때문에 이해하기도 쉽고 호기심도 생길 수 있습니다. 하지만 공학은 수학과 물리에 대한 기본 개념을 알아야 하기에 가벼운 과학 상식이 필요합니다. 구체적인 과학 원리는 몰라도 세상 돌아가는 일에 관심을 두는 것처럼 최근 과학 이슈나 과학기술 발전 등에 대한 정보를 접하는 것이 좋습니다.

과학에 관심 없는 문과생이 과학 상식을 접하려면 신문이나 잡지, TV 다큐멘터리 등이 좋습니다. 자주 접해야 과학적 소양도 자연스럽게 생깁니다. 대학에 진학해서 소프트웨어 프로그램 개발에 뛰어드는 문과생이 늘어나고 있습니다. 이과생은 좀 더 편리한 프로그램을 만들 수는 있지만 어떤 프로그램이 필요한지 생각하기는 어렵습니다. 팀 프로젝트에 문과생과 이과생, 공과생이 한팀으로 참여하도록 권하는 대학도 있습니다. 보통 문과에서는 경영·경제학과 학생들이 적극적으로 참여하는데 앞으로 다른 학과 학생들의 참여도 늘어날 거라고 생각합니다. 취업에 도움이 되기 때문입니다.

일부 기업에서는 경영·경제학과 학생이 지원하는 부서에 공대인 산업공학과 학생도 지원하는 기회를 줍니다. 심지어 산업공학과 학생만 뽑는 기업도 있습니다. 산업공학과는 공학과 경영을 동시에 공부할 수 있어 문과·이과 소양을 모두 가진 학생이 지원합니다. 공장을 운영하는 특정 기업 입장에서는 경영학과 학생보다 산업공학과 전공자가 더 필요합니다. 고등학교 문·이과통합과정에서 문과생이 전공의 제한을 깨고 배우기는 어려우니 생활 속 과학에 지속적으로 관심을 두는 것이 미래를 위한 좋은 전략입니다.

문과와 이과 소양을 모두 가진 아이를 위한 한마디

문과 과목이 싫어 이과에 온 아이가 있는가 하면 이과 과목이 싫어 문과에 온 아이가 있습니다. 이들과 다르게 문과와 이과 과목 모두 흥미를 보이는 아이들이 있습니다. 문과 과목도 잘하고 이과 과목도 잘하면 전교권이겠지만 잘하지 않아도 두 분야에 특별히 거부감이 없는 아이도 포함됩니다. 이 아이들은 사회 과목과 과학 과목 중에서 좋아하는 과목과 싫어하는 과목이 나누어집니다.

이런 경우 이과를 선택하는 쪽이 많습니다. 취직이 잘된다는 주변의 조언도 있고 과학은 모든 과목을 잘하지 않아도 되는 만큼 전공 공부에 부담이 없기 때문입니다. 대학의 자연과학 전공 중 수학만 배우는 학과는 수학과입니다. 물리학과와 화학과, 생물학과는 수학, 물리, 화학, 생물을 배웁니다. 학과 전공에 따라 좀 더 깊이 배우는 차이가 있지만 공학은 모든 학과에서 수학과 물리를 배웁니다. 생물화학공학과나 생명공학과, 바이오 관련 학과는 생물과 화학도 배움니다. 미리 전공 분야를 정하면 과학 전반을 공부할 필요가 없는 것입니다.

문과는 다릅니다. 사회과학이든 인문과학이든 역사와 철학, 정치, 사회, 문화, 법, 행정, 교육, 경제 분야 전반에 대한 지식이 필요한 경우가 많습니다. 이과 학생이 경제를 좋아하면 산업공학과를 선택합니다. 문화를 좋아하면 도시공학과나 건축공학과를 선호합니다. 인문·사회 분야와 이공계 분야에 관심이 있다고 깊이 있는 공부를 하는 것은 아닙니다. 고등학교 때 호기심을 가지고 다양한 상식과 지식을 잘 익혀 둔다면 대학 진학 후 자신만의 전공을 만들어 공부할 수 있는 자질이 생길 것입니다. 실패를 두려워하지 않고 자신만의 경험을 축적하여 미래 CEO감이 될 것입니다.

05
미래 설계

새 교육 과정에서 강조하는 교육 내용은 생활 문제 해결을 위한 '경험의 축적'입니다. 아이가 학교에서 배우는 동안 사회나 인간, 과학에 대해 익힌 지식이나 자신이 잘못 생각했다가 바로잡은 창의적 시행착오의 경험을 축적하는 노력이 필요합니다. 인터넷 검색이나 주변의 조언, 책을 통한 지혜 등도 본인의 경험만 못할 때가 있습니다. 학교에서 배우는 동안 생활 속 문제를 해결하기 위해 자신과 친구들의 지식을 총동원하고 창의적인 아이디어를 생각해 내고 실행해 봅니다. 바로 문제가 해결되지 않았다면 그 실패의 원인을 알아보고 다시 도전하는 문제집착력도 배웁니다. 실패한 경험이나 성공한 생각을 체계화하고 다듬으면 남들과 다른 창의적 아이디어를 축적할 수 있고 자기가 하고 싶은 일이 보입니다. 메모도 중요합니다. 자신의 경험을 정리하는 습관을 갖도록 지도해야 합니다.

하지만 이 과정을 아이들에게 가르치기는 어렵습니다. 아이마다 기본 성향과 태도가 달라서 잘 적응하고 자신이 할 일을 찾아내는 아이도 있지만 주저하고 멈추는 아이도 많습니다. 정보탐색형 아이는 우수한 능력이 있음에도 불구하고 도전 정신이 부족하고 실패를 두려워하기 때문에 교육 과정에 적극적으로 임하기 어렵습니다. 스토리형 아이는 부족한 실력을 인정하며 실패를 두려워하지 않고 도전합니다. 그러나 실패 경험을 도약의 발판으로 삼기에는 지식이 부족합니다. 문·이과통합교육과정이지만 결국 문과와 이과를 선택하고 심화 교육이 강화되는 상황에서 정보탐색형 아이는 잘할 수 있는 것을 선택하고 스토리형 아이는 잘할 것 같은 것을 선택합니다. 아직 진로를 결정하기에 어설픈 이 아이들에게는 환경을 제공하고 미래 얘기를 들어 줄 멘토가 필요합니다. 주변 환경이나 분위기에 영향을 받아 적성보다 적응 쪽을 선택하려는 아이에게 자신의 성향을 이해하고 관심사를 중심으로 적성을 고려해 보는 방법을 생각해 보라고 제안해야 합니다. 아이가 스스로 묻고 대답하는 과정에서 미래의 시작점을 정할 수 있을 것입니다. 아이가 자신의 선택이 맞는지 두려워한다면 부모의 시행착오 경험을 들려주며 세상일은 모르는 것이며 사람에겐 여러 번의 기회가 주어진다고 격려해 줘야 합니다.

제6장

가치 교육,
내 아이를 위한 세 번째 멘토링

INTRO

부모에게는 한 가지 로망이 있습니다. 아이에게 엄마 아빠 같은 부모가 되고 싶다고 얘기를 듣는 것입니다. 부모는 존경받는 부모가 되기 위해 헌신적으로 아이를 돌보기도 하고, 독립심 있는 아이가 되도록 엄격하게 가르치기도 합니다. 하지만 아이가 자라나 사춘기를 지나면서 부모의 생활을 엿보기 시작합니다. 다른 사람과 의사소통을 잘하라고 강조하지만 부부간에 대화하다가 서로의 얘기를 듣지 않는다고 언성을 높이기도 합니다. 어릴 땐 꿈을 강조하더니 성적이 오르니까 무조건 전문 직업이 좋다며 의대 진학을 강조합니다. 힘들게 얻었다는 정보가 좋은 대학 입학 전략이거나 남들보다 좀 더 빠른 성공의 길입니다. 공정한 경쟁을 강조하다가도 급할 때는 꼼수를 생각합니다. 사실 부모는 이런 유혹에 늘 흔들립니다.

필자가 책을 쓰고 상담을 하거나 강연을 하면서 만나는 사람들의 질문은 주로 성공 비법입니다. 물론 성공은 중요합니다. 우리는 성공해야 그 가치를 인정받는 사회에 살고 있습니다. 그런데 그 '성공'이 뭔지는 얘기하는 사람마다 다릅니다. 학생은 명문고와 명문대 입학이 성공이고 아버지는 번듯한 경제능력자가 성공이며 어머니는 남편과 자식을 훌륭하게 만든 사람이 '성공'이라고 합니다. 가끔 아이들에게 바라는 점을 묻는 TV 인터뷰를 봅니다. 부모는 아이가 행복했으면 좋겠다고 합니다. 행복이 성공일까요? 저는 TV 여행 프로그램을 보면서 원할 때 훌쩍 떠날 수 있으면 좋겠다는 생각을 자주 합니다. 필자의 부모 세대는 돈 많고 걱정거리 없는 것이 행복이라는 얘기를 많이 했습니다. 필자는 나이가 들어 갈수록 행복은 각자의 그릇에 채워지는 감사하는 마음이라고 생각합니다.

요즘 부모 세대는 행복하라는 얘기를 듣고 자란 세대가 아닙니다. 나라가 극한 빈곤의 시기를 벗어나 조금씩 생활의 풍요와 보람을 느끼는 시대에 살다 보니 실력과 성실이 성공의 열쇠라고 믿은 세대입니다. 그 생각이 고착되어 아이가 성적이 나쁠 때도 열심히 하지 않아서 그렇다고 성실의 잣대를 댑니다. 부모 세대는 성취감이 행복의 중요한 열쇠입니다. 성실하게 노력하고 성취하면 행복합니다. 그래서 성공의 계단을 오르는 사다리가 사라지고 투명 천장이 생기는 현실이 싫습니다.

우리 아이들에게 행복은 무엇일까요? 아이들과 부모 세대인 우리의 큰 차이점은 국가에서 어떻게 살지 정해 주지 않는다는 것입니다. 부모가 어릴 때는 열심히 공부하고 성실하게 살면 성공한다는 신화를 국가 차원에서 강조하던 시대였습니다. 부모의 행복 코드인 성공은 부, 명예, 권력으로 정의 내릴 수 있습니다. 나이가 들면서 세 가지 중 원하는 것이 달라지기도 합니다. 아이들에게 행복하라고 하면서 자신이 살 길을 선택하고 하고 싶은 것을 하라고 합니다. 행복은 저마다 내용도 다르고 크기도 다릅니다. 정답이 없어진 이 시점에 우리 아이들의 행복을 위해 부모는 어떤 역할을 해야 하는지 생각해 보았습니다.

01
왜 가치 교육을 이야기하는가?

아이들이 정답이 없어진 행복 찾기를 하려면 '생각의 기준'이 필요합니다. 무엇부터 생각해야 할지, 아니면 무엇을 생각해야 할지 등에 대한 것입니다. 정답을 가르쳐 줄 수는 없으나 도덕적 시비는 가릴 줄 아는 아이로 성장하기 바라고, 세상을 살기 좋은 곳으로 바꾸는 의미 있는 일을 하는 아이였으면 더 좋겠습니다. 또한 인공지능 시대, 4차 산업혁명을 거쳐야 하는 만큼 우리 아이가 미래 설계를 잘했으면 좋겠습니다. 이런 여러 가지 염원을 이루려면 '가치 교육'이 필요합니다. 가치를 다른 말로 하면 '바람직함'이라고 할 수 있습니다. 아이들이 무엇이든 바람직한 걸 찾게끔 하는 것이 생각의 기준이 되어야 합니다.

아이들이 가장 힘들어하겠지만 공부(배움)의 가치는 무엇일까요? 부모도 금방 대답하기 힘든 질문이지요? 그저 가치에 대해 질문만 하면 됩니다. 아이들은 그 얘기를 듣는 순간 자신이 아는 것들이 바람직하려면 어떤 기준이 필요한지 생각하기 시작합니다. 미리 바람직한 것을 생각하고 시작하는 아이가 많아진다면 사회는 더 살기 좋은 곳이 되지 않을까요? 바람직한 것은 이런 거라고 가르쳐 주지 말고 스스로 생각해 보는 기회를 마련해 줘야 더 애착을 가지고 바람직한 것들을 잊지 않을 것 같습니다.

아이들이 묻습니다. "아빠, 아빠에게 가족은 뭐예요?" "음, 사랑하고 책임져야 하는 존재." "책임이 어떤 건데요?" "책임 안 지면 어떻게 되나요?" 아이가 이런 질문들을 한다면 대답하기가 쉽지 않겠죠? 이때는 이런 답을 해 보세요. "넌 책임이 뭐라고 생각해?" 물음을 다시 질문하는 방식의 대화는 철학자 소크라테스의 대화법입니다. 스승의 질문에 다시 답을 찾으며 자문자답을 경험하게 됩니다. 스스로 묻고 답을 얻는 과정은 자신에 대한 믿음을 강화하고 동기도 부여합니다.

최근 교육 관련 프로그램을 본 적이 있습니다. 대치동 학원가의 컨설팅 전문가나 좋은 학교에 아이들을 입성시킨 부모의 노하우를 통해 비싼 비용 들이지 않고 실천할 수 있는 팁을 얻자는 취지였습니다. 전문가의 얘기는 틀린 게 거의 없고 학부모는 영재교육원, 과학고는 떨어졌지만 결국 일반고에서 서울대 의대를 보낸 비결을 설명해 주었습니다. 틀린 말은 아닌데 무언가 찜찜한 느낌이 들었습니다. 보통 방송 프로그램은 방송위원회의 제제를 받을 만한 내용은 조심하는 편인데, 몰래카메라를 동원해 강남 모 고등학교의 전교권 엄마들이 흥정하듯이 정보를 공유하는 장면은 화가 나기도 했습니다.

성적이 좋은 아이들은 자신의 일에 열심입니다. 공부도 열심히 하고 각종 활동도 소홀하지 않습니다. 상담하다 보면 좋은 학교에 들어가는 노하우를 원하는 부모님이 있습니다. 아이에게 문과와 이과 전공을 한창 소개하는 중인데 말을 자르며 당장 시험 시간표부터 짜자고 합니다. 시험 시간표는 이 이야기 끝나고 15분 만에 된다고 하면 다시 기다립니다. 전공별로 배우는 내용이나 비전들을 설명하는 일은 고단하지만 아이는 그 얘기를 들으며 자신이 관심 있는 분야를 찾아냅니다. 그 분야에 관심이 가는 이유를 묻고 아이의 답을 들은 뒤에 시험 계획을 짭니다. 아이는 적극적으로 계획을 말하고 15분 정도면 완성됩니다. 다음 날 부모님에게 전화해 보면 아이가 집에 오자마자 공부를 시작했다고 전합니다. 잘해야 3일이니 일주일 후에 전화해서 일주일간의 계획이 진행되는 동안 애로 사항을 말해 달라고 합니다.

좋은 학교 들어가는 노하우는 노력하면 얻을 수 있습니다. 하지만 노하우가 있어도 우리 아이의 마음이 움직이지 않으면 아무 소용이 없습니다. 아이의 마음에 변화를 주는 건 생각이 바뀌는 것입니다. 생각의 기준을 정하고 바람직한 것들을 생각해 보는 가치 교육이 중요한 이유입니다. 청소년 시기에 가치 교육이 이루어진다면 서른이나 마흔의 삶이 무의미하지 않을 것입니다. 또한 인생에서 실패할 때마다 다시 일어설 의지가 생깁니다. 부모가 아이와 함께 하는 시간이 길어야 30년이라면 나머지 인생은 아이 스스로 해결해야 합니다. 돈을 많이 물려줘도, 좋은 배경으로 도와줘도 길어야 40년이 안 될 것입니다. 아이가 강하게 크는 가치 교육이 필요합니다. 이 교육은 청소년기에 해야 합니다. 청소년기가 인간, 주변, 사회에 대한 관심이 가장 클 때이기 때문입니다. 아이가 전공을 정하고 학교를 선택하는 일보다 더 중요합니다.

대학 입학 후 힘든 학창 시절을 보낸 아이들이 쉬는 시간을 가지는 '대2병'을 아시나요? 스스로 정한 인생을 살아간다는 느낌이 들지 않아서 생기는 공허기입니다. 얼마의 시간이 지나야 제자리로 돌아오는지는 모릅니다. 생각 없이 앞만 보고 달려서 좋은 결과를 낼 수도 있지만 멀게 갈 동력이 없어 얼마 가지 않아 멈출 우리 아이들에게 가치 교육이 필요합니다.

02
질문 연습

"꿈이 뭐야?"

"뭘 하고 싶어?"

이런 질문에 쉽게 대답하는 아이는 별로 없습니다. 대답하지 못하는 아이를 보면 자기가 하고 싶은 것도 모를 만큼 생각이 없는 것 같아 답답증이 확 올라옵니다.

"꿈은 없는데 하고 싶은 일은 있어요."

"어라? 이 녀석 보게."

사전에서 '꿈'은 실현시키고 싶은 이상이나 희망이라고 합니다. 하늘을 나는 꿈을 꾼 형제가 비행기를 발명한 사례가 있습니다. 인간은 하늘을 날자 우주를 여행하고 싶어져 우주선을 만들었습니다.

표 6-1 초등학생의 질문 예

	부모의 질문	초등학생 아이의 답
1	꿈은 하고 싶은 것인데 너의 꿈은 뭐야?	실컷 잠자는 것.
2	음, 실컷 잠자려면 어떻게 해야 할까?	가만히 누워 있어야 해.
3	어디에 누워 있을 거야?	내 방 소파에서.
4	실컷 잠자는 게 얼마나 잔다는 거지?	몰라.
5	학교도 안 가고 하루 종일 자고 싶어?	아니, 학교는 갈 거야.
6	그럼 언제부터 잘 거야?	학교 갔다 와서.
7	밥도 안 먹고 잘 거야?	잠깐 일어나 밥 먹고 잘 거야.
8	오래 자면 허리가 아플 텐데?	난 그렇게 자 본 적 없어.
9	몇 시부터 잘 거야?	2시.

꿈은 하나지만 이루는 방법은 다양합니다.

가만히 생각해 보면 꿈이란 무엇인지 아이에게 알려 준 적이 없는 것 같습니다. 꿈의 예를 불러 주고 생각해 보라고 했습니다. 차라리 무엇을 좋아하느냐고 물어보는 쪽이 쉬웠습니다. 아이가 잠자는 것이 좋다고 했다면 그 자리에서 화를 냈을 겁니다. 이제 와 돌이켜 보면 잠자는 것을 좋아하는 아이에게 잘 자는 법을 생각해 보라고 했다면 어린 나이에 다양한 발명품을 만들었을지도 모릅니다.

하지만 무엇을 물어야 할지 교육받은 적이 없는 부모 세대의 생각에 아이는 자신이 처음에 떠올린 것을 버리고 칭찬받을 것들을 채워 넣었습니다. 아이의 어릴 적 꿈이 뭐였는지 기억나지 않습니다. 아이는 막연하지만 기억을 합니다. 자신의 꿈이니까요. 언젠가는 하고 싶다는 생각이 있기 때문에 기억한다고 합니다. 짠한 마음이 듭니다. 그 꿈을 잘 키워 줘야 하는데 아이가 학교에 입학하자마자 어떻게 하면 교육 과정에 잘 적응시킬지 궁리하는 데 많은 시간을 보내고 말았습니다.

하지만 아이는 자신의 꿈을 포기하지 않았습니다. 아이가 꿈을 잠시 접어 두고 전공과 대입, 취업에 대해 얘기하다 보면 다시 꿈꿀 시간이 없습니다. 언제 다시 꿈을 꿀까요? 아이는 사춘기가 되면 다람쥐 쳇바퀴 돌듯 학교와 학원, 집을 지치도록 돌아야 좋은 대학에 가는 현실에 염증을 느낍니다. 하고 싶은 일에 대해 생각할 시간이 많지 않습니다. 밀린 숙제에 멍 때리듯 가만히 있을 시간이 없습니다. 생각할 시간이 필요할까요? 생각은 시간이 없어서 못 하는 것이 아닙니다. 인간은 생각하는 동물입니다. 자신의 꿈이 뭔지 스스로 묻고 그것을 하려면 무엇을 할지 알아보고 다시 생각하는 자문자답은 버스 속에서도 밥 먹으면서도 할 수 있습니다. 문제는 시간이 아니라 생각할 여유가 없다는 것입니다. 생각할 여유는 질문을 할 줄 알면 바로 생깁니다. 질문하는 습관이 중요합니다. 자신이 하고 싶은 것을 모르는 아이라고 생각되면 스스로 질문해 보라고 하며 예를 들어 주면 됩니다.

질문 내용을 보면 시간만 축내는 느낌이 들지 모릅니다. 하지만 이런 질문을 반복하면 기대 이상의 효과를 얻습니다. 아이는 하고 싶은 일이 무엇인지 찾아내서 그 일을 해내기 위해 필요한 '무엇을'

표6-2 중학생 질문의 예

	부모의 질문	중학생 아이의 답
1	하고 싶은 일이 뭐야?	없는데.
2	음, 좋아하는 일이 뭐야?	축구.
3	축구하면 뭐가 신나?	뛰어다니는 거. 이기면 더 좋고.
4	축구하면서 이기려고 전략도 짜?	응. 시작하기 전에 아이들이랑.
5	매번 같은 아이들이랑 한팀을 해?	아니, 매번 달라.
6	그럼 전략 짤 때 친구들끼리 의견이 같아?	나만 얘기해.
7	이길 때가 많아?	잘하는 아이가 많아야 이겨.
8	잘하는 아이들이 없을 때는 어떻게 이겨?	수비 중심으로 무승부를 노려.

'어떻게' '언제' '어디서' 등을 생각합니다. 여기에 '왜'라는 계획까지 세우면 완벽한 질문이 됩니다. 중학생이라면 주제와 질문이 바뀌어야 합니다.

본격적으로 사춘기인 중학생하고는 길게 할 수 없으니 제시된 예는 조금 과장되었다고 봅니다. 하지만 이런 질문들을 통해 아이가 얻는 것은 무엇일까요? 필자는 부모님에게 의무로 생각하고 아이와 얘기할 때 꼭 세 번 물어보라고 권합니다. 질문할 때 유무를 물으면 곤란합니다. 하고 싶은 일이 있냐는 질문보다 하고 싶은 것이 무엇이냐고 바로 들어가야 대답이 나옵니다. 중학생 질문에서는 '하고 싶은 것'보다 '좋아하는 것'을 묻는 것이 경계를 늦추어 대답하게 만드는 아이디어입니다. 초등학생은 '하고 싶은 일'이 있어도 중학생이 되면 하고 싶은 일을 하지 못하고 사는 인생이라는 생각이 드는지 대개 없다고 합니다. 사춘기 때는 호불호가 명확하므로 '좋아하는 것'을 물어봐야 대화를 쉽게 풀어 나갈 수 있습니다. 아이는 질문에 답하는 동안 좋아하는 이유를 찾고 좋아하는 일을 하는 동안 성공적인 결과를 내는 전략이 필요하다는 것을 깨달으며 실패한 경험도 축적하는 기회를 갖습니다.

자신이 하고 싶은 것을 모르는 고등학생에게는 어떻게 질문을 시작할까요? 고등학생은 대학 입시를 앞둔 데다 전공에 대한 사전 지식이 있어서 바로 전공을 물어볼 수 있습니다. 하지만 전공을 선택하기 위한 정보가 부족하고 교육 과정에 대해서도 구체적으로 알지 못해 불안합니다. 그래서 친구들의 선택이나 교사의 조언에 영향을 받습니다. 2018년부터 교과학점제가 실시되더라도 대학별 입시 요강이 안정될 때까지는 혹시라도 후회하는 상황이 생길까 걱정됩니다. 고등학생은 질문에 답하다 보면 친구들의 문과·이과 전공 선택 정보가 있어서 본인의 전공 결정에 영향을 미치는 선택 기준에 대해 생각해 봅니다.

고등학생은 중학교 때보다 좋은 질문이라면 많이 질문할 수 있습니다. 단, 잔소리는 제외입니다. 전공 선택 기준이 공부할 과목에 대한 부담감이라고 판단하여 걱정되는 과목도 확인합니다. 여기서 주의할 점은 과목만 물어보고 끝내면 과목에 대한 부담감을 줄일 수 없다는 것입니다. 어려운 과목이라도 모든 단원이 어렵지는 않기 때문입니다. 모르는 단원들을 얘기하다 보면 몇 단원 안 된다는 것도

표 6-3 고등학생 질문의 예

	부모의 질문	고등학생 아이의 답
1	친구들은 전공을 어떻게 할 거래?	몰라. 이과가 많은 것 같아.
2	문과반하고 이과반 비율이 얼마나 되는데?	4대6.
3	이과반이 두 반 더 많네?	응.
4	넌 어느 쪽을 원해?	고민 중.
5	왜?	문과는 싫고 이과는 부담스러워.
6	어떤 점이?	과학 과목 모두 다 하는 거.
7	걱정되는 과목이 있어?	물리랑 화학.
8	물리에서 어려운 단원이 뭔데?	공식은 아는데 문제를 못 풀어.

알게 되어 선택의 부담을 줄일 수 있습니다. 물론 걱정되는 단원은 따로 보완해야 합니다. 아이는 질문에 답하는 과정을 통해 자신이 생각하는 문제를 해결해 나갈 실마리를 찾게 됩니다. 알겠다고, 자신이 알아서 정하겠다고 하며 대화를 중단할 수도 있습니다. 이때 버릇없다고 판단하지 말고 아이가 무언가 알아냈다고 생각해야 합니다.

아이가 생각할 여유를 가지고 해결해야 할 문제에 대해 자문자답하는 습관이 생긴다면 행복에 대해 물어보는 것이 좋겠습니다. 바로 대답하지 못하더라도 자신이 생각하는 행복이 무엇인지 고민하기 시작할 것입니다.

03
직업보다 일

아이에게 직업에 대해 어떤 얘기를 할까요? 사전적 의미로 '직업'은 개인이 소득을 얻어 의식주를 해결하는 수단이기도 하지만 경제활동을 통해 사회에 기여하는 기회도 얻습니다. 부모는 아이가 좋은 직업을 갖기 바랍니다. '좋은' 직업은 무엇일까요? 아이에게 고소득이나 명예를 주는 직업이 매력적임은 분명합니다.

하지만 직업은 좋고 나쁨을 따질 수 없습니다. 모든 사람이 한 가지 이상의 직업을 가질 수 있으며 직업 간의 관계를 고려할 때 어떤 직업이든 사회에 필요합니다. 아이가 어릴 때 꿈에 대해 묻다가 직업의 종류를 알아보고 관심 가는 직업을 찾아보자는 지도는 곤란합니다. 아이들과 상담하다 보면 직업이 하는 일을 모르는데 어떻게 선택이 가능하냐고 묻습니다.

먼저 '일'에 대해 얘기해야 합니다. 일에 대한 세 가지 생각을 묻고 정리해 봅니다. 하고 싶은 일이나 좋아하는 일, 잘하는 일이 있는지부터 물어봐야 합니다.

이 학생은 무언가 만드는 일을 하고 싶고 그림 그리기를 좋아하며 아이들을 집중시키는 능력을 가지고 있습니다. 만드는 일은 제작과 관련된 것이고, 그림 그리기를 좋아한다는 것은 이미지 표현 능력이 있다는 의미입니다. 잘하는 일은 이야기를 잘 만들어 낸다는 것이기도 합니다. 이 학생에게 이야기를 그림으로 표현하여 보여 주는 애니메이션이나 영상 제작이 어떠냐고 묻는다면 재미있을 것 같다고, 어떻게 해야 그런 일들을 할 수 있느냐고 물을 것입니다. 이때 관련 전공도 알려 주고 직업도 알려 주면 됩니다. 그 정보 속에 그 직업을 갖기 위해 갖춰야 하는 조건들이 제시되어 있으니 열심히 공부하려고 할 것입니다. 아이는 다시 묻습니다. "선생님, 그런데 재미있는 일은

표 6-4 **고등학생의 일에 대한 생각 정리표 예**

	일에 대한 생각	대답
1	하고 싶은 일이 있나요?	무언가 만들고 싶다.
2	좋아하는 일이 있나요?	그림 그리기를 좋아한다.
3	잘하는 일이 있나요?	아이들이 내 얘기를 재밌게 듣는다.
4	재미있는 일이 있나요?	자전거 타며 구경하기.

어디에다 적용시키나요?" "음, 글쎄, 네가 한번 아이디어를 내 봐."

여행을 좋아해서 여기저기 다니다 오래된 건축물을 보고 자신도 역사에 남을 건축물을 만들고 싶다는 생각이 들어 건축공학과를 선택한 아이가 있었습니다. 물론 앞에서 제시한 '직업직능검사지'를 통해 관심 있는 직업을 찾을 수 있지만 필자가 제시하는 방법이 더 강한 감동을 줄 것입니다. 생각의 기준을 정하고 그 기준에 따라 자신이 찾아낸 일이니까요. 필자는 살아가는 동안 첫 번째 직업 선택 기준은 '잘하는 일'이고 두 번째 기준은 '하고 싶은 일', 세 번째 직업은 '좋아하는 일'로 정했다고 얘기했습니다. 하지만 누군가 좀 더 일찍 이 세 가지 기준을 알려 주었다면 더 재미있는 일들을 하고 있을지도 모르겠습니다.

04

사람들과 어울려 사는 의미

　인구절벽 시대, 노후 빈곤, 청년 실업, 로봇 대체 등 사회 문제에 대한 이슈가 연일 보도되면서 부모나 아이들이 변화무쌍한 미래를 어떻게 살아 나갈지 걱정됩니다. 개인 차원에서 해결하기 힘든 이 사회 문제는 우리 아이들이 짊어지고 가야 하는 미래의 현실입니다. 아이가 줄어드는 만큼 세금 낼 경제활동인구는 줄어드는데, 늘어나는 노령 인구 부양에 대한 정부 부담은 더 커지니 생각할수록 답답한 상황입니다. 변화의 시기입니다. 필자는 우리 민족에 대해 자긍심이 큽니다. 고단하고 힘든 삶 속에서도 살아갈 방도를 찾아내고 세계에서 경제·사회·문화적 위치를 잡았으니까요.

　냄비 근성, 사촌이 땅을 사면 배 아픈 마음들은 급변하는 환경에 빨리 적응하고 좀 더 투명한 사회로 나아가는 원동력이 되었습니다. 부모 세대는 외환 위기 등 나라가 힘들면 집 장롱에 넣어 둔 금을 꺼내서라도 극복하려는 사회구성원의 역할에 대한 책임과 의무가 있습니다. 우리 아이들은 어떨까요? 교육을 통해 배우는 책임과 의무는 큰 영향력을 발휘하지 못할 것입니다. 나라를 위하는 일이니 희생하라고 한다면 생각해 보겠다고 답할 가능성이 높습니다. 의견을 물으면 선택하는 교육을 받았으니까요. 국가일은 선택이 아니라 책임과 의무여도 말입니다.

사회지도층 자녀가 미국 시민권을 가지고 있다는 것은 슬픈 현실입니다. 후손들이 잘 살아가도록 나라 걱정을 해야 할 사람들의 자녀가 다른 나라 국민이라니 어이없는 얘기입니다. 우리도 아이들에게 힘든 일보다 쉬운 일을 선택하고 고단한 삶보다는 편안한 삶을 살아가라고 얘기하며 키웠습니다. 아이들이 자신을 희생하며 지켜야 할 나라에 대해 얼마나 생각했을까요? 월드컵 축구 경기나 올림픽 경기처럼 온 국민이 응원하며 단결하는 모습에서 '대한민국' 국민이라는 동질감을 느껴 보지만, 자신이 기회에서 도태되고 힘들 때 돌봐 주지 않는 나라를 '헬조선'이라고 외치며 다른 나라로 떠나는 젊은이들에게 무슨 말을 해 줄 수 있나요?

자신이 사는 동네에 관심을 가지고 이웃을 살펴보며 다 같이 거리 응원을 하듯 어울려 사는 나라를 만들고 싶습니다. 문제가 있다면 머리를 맞대고 의논하면서 형편에 맞게 해결할 아이디어를 내는 기회가 공개된 사회 말입니다. 필자는 이사한 동네의 불편한 점을 해결하기 위해 구청에 여러 차례 건의한 적이 있습니다. 다른 사람들도 겪는 불편을 해소할 아이디어를 내어 생활 환경이 개선되는 것을 보며 보람을 느낍니다. 일본에서는 노인들이 사는 마을을 건설할 때 청년들의 일자리를 동시에 구상하여 함께 어울려 사는 마을을 만들고 있습니다. 다른 나라들은 노인들끼리 어울려 사는 테마 중심으로 마을이 만들어지지만 일본은 청년과 노인들이 함께 사는 공동체를 만들어 더 매력적이었습니다.

얼마 전 모 대학 산업공학과 교수님의 '세대 간 분업'이라는 아이디어를 듣고 정신이 번쩍 들었습니다. 청년이 할 수 있는 일과 장년층이 할 수 있는 일, 노인층이 할 수 있는 일을 나누어 생각해 보는 게 좋을 것 같습니다. 노년층은 시행착오로 축적된 노하우가 있고 장년층은 실행에 필요한 노하우가 있습니다. 청년층은 자신이 원하는 일을 하기 위해 치밀한 계획이 필요합니다. 노인층이 '아이디어 뱅크'를 구축하고 장년층이 '실행 프로그램'을 점검해 주는 시스템이 안정된다면 청년들의 수많은 꿈이 현실에서 이루어질 것입니다. 아이들에게 이 비전을 들려준 뒤 구체적으로 사람들과 어울려 사는 재미를 생각해 보라고 한다면 어떨까요? 배려하는 사회를 외치지 않아도 한데 어울려 신명나게 살아가는 공동체가 될 것입니다. 역할로 책임 지우기보다 더불어 함께 하는 사회가 되면 좋겠습니다.